地域創造研究叢書
No.26

子どもの心に寄り添う
──今を生きる子どもたちの
理解と支援

愛知東邦大学地域創造研究所=編

唯学書房

巻頭言

若林　愼一郎

　本書の執筆者はすべて名古屋の金城学院大学大学院人間生活学研究科人間発達学専攻の若林ゼミの所属者および関わりのある人たちである。この若林ゼミのメンバーは、筆者が退職後も、毎年、春秋の2回、集まって、各人の近況報告や情報・意見交換をする勉強会を10年以上続けてきた。このような経過の中から、第1回の著作集：肥田幸子他著『女性心理学──現代を女性として生きるために』（唯学書房、2008）が出版された。今回はその第2弾である。

　各執筆者は卒業後10数年、教職、スクールカウンセラー、幼児教育などの現場で活躍しながら、各人は成長・発達を遂げてきた。筆者はこのようなメンバーの活躍を思い浮かべながら、原稿に目を通した。

　本書の中心課題は"子どもに対する心理支援"であり、各人の活躍領域の臨床活動に基づいた内容で、年代的には幼児、小・中学生、思春期、学生に及び、問題は発達障害、不登校などが中心で、親への対応も重要なテーマとなっている。更に、時代を反映した問題として、携帯電話、スマートフォン、ゲーム、SNSなどメディアの分野での問題が論じられている。たまたま、2016年夏には"ポケモンGO"が世界的に爆発的に流行して社会問題となっているので、参考になるかと思われる。

　もう一つ、読者は本書を通読されて気づかれることと思うが、事例を扱った論文はいずれも3～4年にわたってfollow-upされていることである。問題が長期にわたる困難性を有していることにもよるかもしれないが、臨床では続かなくては心理的支援はできない。"続く"ということは、基本的なきわめて重要な問題である。

　各論文にはそれぞれ至らないところが多々あると思われるが、各執筆者はそれぞれの分野で懸命に仕事をしてまとめた成果である点に免じて、ご寛容を賜れば幸いに存じます。

　われわれは日常生活の傍ら、さらに飛躍を目指して、第3弾の出版ができればと思っています。ご期待を賜れば幸甚に存じます。

まえがき

　近年、子どものこころの発達支援に関する研究は重要さを増し、その成果がおおいに期待されている。そのためには、子ども発達支援の最先端で活動する者の声が集められ、検討され、そして次の活動へと反映されるシステムが必要である。愛知東邦大学地域創造研究所「地域の子ども、心の発達支援研究会」は、地域に根差して活動を続ける実践家たちの情報交換と研鑽の場である。

　本研究会の構成員は主に愛知を中心とする地域において、子どもの発達支援やメンタルヘルス維持を仕事とする者や研究者たちである。研究会会員の活動の場は、小、中学校のスクールカウンセリング、大学の相談室、医療機関の心理士、地域の子ども支援、保育所などそれぞれである。立場は多様であるが、現代の子どもの置かれている状況やそこから生まれる諸々の問題には共通性がある。そして、違った視点から問題を検討することによって示唆される点も多い。

　そこで検討される課題は、不登校・ひきこもり・発達の問題・児童虐待・神経症的問題・インターネット問題など、人がその発達の過程において示す普遍的なものもあれば、現代社会が抱える固有の問題であったりもする。そしてそれらの問題は絡み合い、複雑な様相を示す。このような現状の中で、会員たちはそれぞれが抱えるケースの問題点やそれに対応できる新たな知見を模索している。一人の実践家の対応には限界があるが、知のネットワークを形成することによって、それぞれをエンパワーメントすることは可能である。

　本研究会では、若林愼一郎氏の出席を賜り、ケースに対するご意見や発達に関するお話をして頂いた。若林先生は日本児童青年精神医学分野の重鎮であり、日本における発達障害研究の先駆けであるといえる。会員たちは若林先生から学ぶことが多く、本書に巻頭言を寄稿して頂けたことは会員たちの喜びである。

　本書は愛知東邦大学地域創造研究所「地域の子ども、心の発達支援研究会」のメンバーを中心として、勉強会に参加した会員の活動の記録をまとめたものである。

　第1章「乳幼児期からの気になる子どもの発達支援——発達障害の視点から」では、乳幼児診断の臨床心理士でもある筆者が、発達支援のきっかけとして、あるいは子どもたちの居場所として実施された小グループ活動を取り上げた。子どもたちの特徴を理解し発達に寄り添うことで、「集団の中にいられる」「活動に参加できる」と子どもたちが感じられる居場所づくりができることを明らかにしている。

第2章「2歳児の自立——モンテッソーリ教育場面からの一報告」では、幼児教育を行っている筆者が、2歳児の発達を例に、環境を整えることで子どもの自然な自立をどう叶えるかということをモンテッソーリの発達理論を基に述べている。同時にテクノロジーが人間の退化につながらないかということを小さな子どもたちと生きる立場として警鐘を鳴らしている。

　第3章「中学生の不適応に至るまでのプロセスと支援方法」の筆者は多くの小中学生に学校不適応に関する調査を実施している。本章では、心理的支援が必要な中学生のサインについて検討されており、生徒が〈不適応状態を表す反応〉や〈不適応傾向を表すサイン〉を表現したときには、信頼関係を構築することや生徒が受容されていると感じる環境作りを早急に行う必要があることを明らかにした。

　第4章「思春期に見られる不登校——事例を通して考える」では、筆者は小中学校のスクールカウンセラーである。筆者は本章の中で親の役割とカウンセラーの役割について問うている。事例を通して、子どもが育つうえでは子どもの成長を信じて見守る周りの眼差しと居場所が必要だと述べている。

　第5章「不登校と進路イメージ形成」では、筆者がSCとして心理支援を行った不登校生徒が適応指導教室を利用しながら高校受験へと意識を高めていったプロセスを紹介し、不登校を含む様々な青年期の心理的な問題からの回復に、将来の目標へのイメージ形成が重要であることを述べている。また、不登校の子どもを持つ母親のアイデンティティにも言及しており、両者の同一性の課題への取り組みがそれぞれの生き方に影響を及ぼし合っていくことに触れている。

　第6章「子どもの情報・メディア利用と発達への影響を考える」の筆者はメディア教育を実施する中で様々な影響を懸念している。そして、子どもの情報活用能力の向上についてどのような教育・支援を行うべきかを考えた。事例を検証することによって、子どものメディア利用は家族とのコミュニケーションとルールづくりが重要であること、一つのメディアに頼るのではなく、様々なメディアの特性を把握し、自らの目的に応じて利用する必要があることを述べている。

　第7章「子どものSNSトラブル事例からみえてきたもの——SNSというモノローグの世界について」では、筆者が相談を受けた看護学生の起こしたSNSトラブル事例から見えてきたものと、現代の子どものSNS依存に至る事情、モノローグの病理について考察されている。社会的意味や社会的アイデンティティは対話することにより互いに理解し合い、認め合う関係となる必要があると述べている。

第8章「発達障害の子どもをもつ親への支援からみえたもの」では、筆者がSCとして関わった2事例をもとに、発達障害の子どもをもつ親との関わりの重要性について述べている。自分の子どもに障害があるという事実を受け入れることの困難さと意味、その親たちのストレス、最後に心理支援者としてできることと障害者を抱える社会のあるべき姿を考えている。

　以上のように、筆者たちは乳幼児から発達障害の子どもを抱える母親まで幅広い年齢を対象とし、それぞれの発達過程が抱える今という時代の課題を扱っている。本書は実例をもとに構成されているものが多い。実例は個別のケースであるが、私たちはそこに存在する問題の普遍性を探るべく検討を行ってきた。そして何よりもそれぞれの対象に対してじっくり丁寧に取り組んできたことを読み取って頂きたい。

　今後もこれらの実践の中から生まれる新たな子ども支援の方法や視点の開発を求めて努力を続けなければならない。それによって各自の実践力が増し、地域に還元していけることを願っている。

　　2016年9月1日

　　　　　　　　　　　　　　　「地域の子ども、心の発達支援研究会」主査

　　　　　　　　　　　　　　　　　　　　　　　　　　　　肥田　幸子

目　　次

巻頭言　　若林 愼一郎　iii
まえがき　　肥田 幸子　iv

第1章　乳幼児期からの気になる子どもの発達支援
　　　　──発達障害の視点から　堀 篤実　1
　はじめに　1
　I　気になる子どもの乳幼児期の特徴　1
　II　発達障害における早期療育の必要性　2
　III　子どもたちの現状に応じた地域支援スタイル　3
　IV　健診後の母子心理相談　4
　V　気になる子どもたちのグループ活動　9
　VI　まとめ　15

第2章　2歳児の自立──モンテッソーリ教育場面からの一報告　清水 紀子　19
　はじめに　19
　I　モンテッソーリの発達理論：子どもの中にある発達プログラム　20
　II　大人の役割：環境の整備　24
　III　実例　28
　結語　30

第3章　中学生の不適応に至るまでのプロセスと支援方法　鈴木 美樹江　33
　I　学校場面におけるメンタルヘルス活動の現状　33
　II　非行傾向生徒と不登校傾向生徒の特徴とサイン　35
　III　心理的支援が必要となるまでのプロセス　38
　IV　まとめ　44

第4章　思春期に見られる不登校──事例を通して考える　吉村 朋子　47
　はじめに　47
　I　事例　47
　II　家庭の役割　56
　III　カウンセラーの役割　57
　IV　子の「育ち」について　58

第5章　不登校と進路イメージ形成　松瀨 留美子　60
　Ⅰ　不登校の現状　60
　Ⅱ　不登校事例　62
　Ⅲ　不登校の生徒と母親への心理支援　68
　Ⅳ　進路をイメージすること　73

第6章　子どもの情報・メディア利用と発達への影響を考える　八木 朋子　77
　はじめに　77
　Ⅰ　メディア利用における基本的能力　77
　Ⅱ　メディアの子どもへの影響と教育　79
　Ⅲ　事例　80
　Ⅳ　考察　82
　おわりに　86

第7章　子どものSNSトラブル事例からみえてきたもの
　　　　――SNSというモノローグの世界について　伊藤 佐枝子　88
　はじめに　88
　Ⅰ　事例　89
　Ⅱ　子どもがSNSに依存する要因　93
　Ⅲ　SNS依存に子どもが陥らないために――モノローグからダイアローグへ　95
　おわりに　96

第8章　発達障害の子どもをもつ親への支援からみえたもの　肥田 幸子　98
　はじめに　98
　Ⅰ　事例　99
　Ⅱ　発達障害の子どもをもった母親とCo.が子どもにできる具体的な援助　105
　Ⅲ　障害告知とその後の母親の気持ち　107
　Ⅳ　母親のストレスと環境　108
　Ⅴ　心理臨床に携わる者の役割　110
　おわりに　112

第1章　乳幼児期からの気になる子どもの発達支援
——発達障害の視点から

堀 篤実

はじめに

わが国では発達障害者支援法が2005年4月施行され、その中には発達障害の早期発見が規定されている。しかしながら、米国精神医学会の診断基準であるDSM-IVからDSM-5[1]に改定される中で、自閉症スペクトラム（Autism Spectrum Disorder、以下ASD）のカテゴリーに変化がみられるようにASDの概念や診断には難しさがある。また、育ち始めのあるいは育ちつつある発達・成長の変化が著しい乳幼児期の子どもたちに対する診断は、診断すること自体が難しい。さらに、両親や家族が診断に対して否定的なあるいは絶望的な印象を持ちやすいことから、早期発見ならびにその後のフォローは前進しているとは言い難いものがある[1]。現状では就学前に発達障害の診断を受ける子どもが増加してはいるものの、ASDを含む発達障害の特性を有するものの診断を受けていない子どもたちや、診断を受けても適切な対応を受けられない子どもたちも多く存在する。そのため、ASDの診断を受けている子どもたちの支援を充実させるのはもちろんのこと、診断を受けていない子どもたちを対象とした発達支援をしていくことも必要である。人生の早い時期にこのような子どもに気づき、子どもたちの可能性を広げ、将来につなげていく支援について検討していきたい。

I　気になる子どもの乳幼児期の特徴

これまでの研究で、乳幼児期のASDについては多くのことが明らかになってきている。2歳から6歳までの幼児期はASDの特徴が最も顕著となる時期であることが報告されている[2]。その特徴のひとつは社会的相互交渉の質的異常であると言われている。他者との共感的な交流が難しく、対人関係を持とうとしない、あ

るいは多少は対人関係を持ってもその関係を維持しようとしないことが特徴である。呼ばれても振り返らない、同年代の子どもたちと一緒にいても関わりを持とうとしないなど、孤立しがちである場合が典型的である。それ以外にも多少は他者と関わりを持つ場合でも、それが何往復もの対人関係に発展しにくい場合がある。この中には、他者からの働きかけに受動的には応じるが、自らはほとんど対人行動をとろうとしないタイプも含まれる。他には一見積極的に他者に働きかけるタイプもいる。ただしこの場合、相手の反応にかまわず一方的に自分の関心事を話してしまうなどの傾向がある。二つ目の特徴は限局しパターン的な興味と活動である。特定の感覚入力（模様を眺める、音に聞き入る、触る、など）に執着する、自分の身体の一部や特定の物を用いた常同的な運動に没頭する、活動の順序や物の配列などがいつも同じであることに強く固着することなどがよく知られている。また、文字、数字、キャラクター、商標、天気図など記号的なものに関する興味が高まり、これらに対する機械的記憶が突出して伸びることがしばしばある。このような特徴から神尾は典型的な自閉症であれば3から4歳で診断が可能であるとされている[2]。

しかしながらこのような典型的な特性を示す子どもたちばかりではなく、どのような領域の発達に特徴がみられるかによって定型発達との差異が明確になる時期は違ってくるのが現状である。言葉の発達の遅れを指標とする場合、1歳半健診でもある程度の把握は可能であるが、発達特性が軽度で知的障害を伴わない発達障害は、その特性を周りに気づかれにくく、集団生活や学業が始まる学童期において大人が問題として気づくこととなる。そのためこのような子どもたちが早期に発見されるのは幼児期後半ということになる。

II　発達障害における早期療育の必要性

発達障害のある子どもへの支援の目的は、「生来もつ発達のアンバランスさが、現在および将来にわたって日常生活を送るうえでの困難さとならないように」することである[3]。

支援の対象は子どもとその母親を中心とした家族であるという視点を持つ必要がある。特にASDの可能性がある子どもの場合、生得的に間主観性の機能に深刻な困難さを有していたり[4]、感覚の過敏性を持ち合わせていたりするために[5]、他者とのコミュニケーションをとることに本質的な難しさがある。そのため、母親と

の愛着関係を築くことが難しい[6]ことや、母親の抑うつ傾向が高い傾向が認められている[7, 8]。また、ASDの子どもたちは、一般の子どもたちにとってはよいと考えられている接し方や育て方ではうまくいかないことがある。少しでも早い時期からASDの特性に合わせたかかわりや働きかけ、環境調整が開始されれば、子どもが潜在的に持っている力を引き出しやすくなる。ASDのある子どもに早期療育を行うと、行動の改善や発達の促進に良い結果をもたらす。また、早期療育により家族が子どもに対する理解を深めるよう働きかけることで、支援は長く続き、生活の広い範囲に広がり、その結果、成人後の社会適応とQOL（quality of life）を高めることもわかってきている[9]。

　母親たちも、支援者によるアドバイスなどを受けながら日々の試行錯誤を繰り返し、我が子の特徴を理解したり、かかわり方のコツをつかんだりしていくことで、日常の育児にゆとりをもって前向きに取り組む姿勢につながることも示されている[10]。また、ASDの子どもたちへの介入を早期から始めることにより親の心理教育的支援の効果を上げやすくなることもわかってきている[11]。ASDの子どもの親は、他の子どもとわが子を比べて不安になることや、自分の育て方に自信を持てないでいることが長く続くことなどによって、慢性的なストレスにさらされやすい。そのような親子に対し働きかけをする時期が早くなることにより、親はストレス状態をより早く抜け出し、見通しと意欲をもって育児に当たることができるような支援が可能となってくるのである。

Ⅲ　子どもたちの現状に応じた地域支援スタイル

　地域における支援サービスは各自治体の地域特有の事情などにより大きく異なる[1]。地域支援システムづくりには、地域ごとの特性を配慮する必要がある[12]。その地域の地域性や規模、連携できる医療機関や療育機関、専門機関の有無には違いがある。このことは健診から支援へつながる際の問題点にもなっている。そのため全国の自治体を政令指定都市、中核都市、小規模市、小規模町村に分けて、それぞれの特徴に応じた発達障害の支援システムづくりのあり方について検討されている[13]。健診の場で行う支援先の決定の判断は緊急度によって区別されるのが一般的である。発達障害の早期発見は、地域の行政が関与したシステム化が最も大切であり、そのシステムの中のサブシステムを担う機関とそこで働く専門家の充実が重

要となるのである。システムと専門家の配置がうまくいけば、ツールを少し活用するだけで発達障害の早期発見の精度が飛躍的に改善する可能性がある[14]ともいわれている。また、現在では、医療機関で診断を受ける必要があるかどうか、微妙なケースまでも支援の対象に含めて考えることができる地域システム・モデルが求められている[15]。子どもとその家族にとって望ましい形でそれぞれの地域にあった支援が受けられるように考えていく必要がある。

Ⅳ 健診後の母子心理相談
1 H市における健診後の母子心理相談の概要

　筆者が関わっているH市における発達に関する心理相談の事例について検討する。ここで行われている心理相談は主に、健診などを機会に子どものことばの遅れや発達について不安を感じ保健センターなどの市の機関に相談をしてきた母親や、1歳半健診や3歳児健診での子どもの様子から保健師が気になると感じ心理相談を勧めた母親からの申し込みによる発達相談である。約50分の母子心理相談を実施し、心理相談中の母子の様子や相談内容によって、①相談継続、②「遊びの教室」[2]紹介、③発達支援センター紹介、④相談終了のいずれかを判断する。相談室は普段、会議等にも使用しているため長机や椅子がある。それらを一方の壁際に寄せスペースを確保し、低い長机を挟んで母子、カウンセラーが正座をする形で相談を実施する。おもちゃはいくつか用意されていて、こまごまとしたもの（ぬいぐるみなど）は、大きめの鞄にまとめて入れてあり、その他に知育玩具のようなおもちゃが箱に入って長机の横に2つ準備されている。子どもは自由に出して遊べる形になっている。

2 事例

　以下の2つの事例については事例と本人・関係者のプライバシー保護のため、提示事例の本質を損なわないことを念頭において、加工修正したものである。

〈事例1〉
＊相談の経緯
　母親はAちゃんの1歳半健診で言葉が遅れていることを指摘され、「発達支援センター」と「遊びの教室」を勧められた。その後「心理相談」も市の保健師から電

話で勧められ予約を入れることとなった。

＊相談内容

「Aのために発達支援センターと遊びの教室に連絡をし、通うことにした。心理相談については、なぜこのようなことを勧められたのか、誰のための心理相談なのかわからないまま予約を入れた。そんなにうちの子がひどいのか、なにかあるのか。わからなくて私が不安になり調子を崩している」と母親は話し始めると、涙を流した。心理相談の前日は「眠れず薬を飲んだ」と話すので、これまでの母親の状況について尋ねた。すると母親はAちゃんが1歳すぎのころから、体調を崩す時があり、かかりつけの内科医に睡眠薬を投与してもらい服用していた時期があったことを話す。「今回の心理相談の予約を入れてから、これまで以上に体調を崩している」と母親は訴えてきた。1歳半健診のAちゃんの様子から何らかの支援が必要と保健師が判断して様々なサポートを勧められたが、その判断に不信感や不満を抱いているようで、「どんな子が勧められたり行ったりするところなのか」「健診の時の検査で何がわかるのか」「積み木はうちにないからやったことがない。積み木を積むなんて知らないと思うのに」などと話す。また、「Aは言葉が全くなかったわけではなく、1歳2か月くらいで『まんま』『ぱぱ』などの言葉があった。今はないけれども」と話した。健診後、母親はそれまで以上にAちゃんに言葉がけをし、母親はAちゃんの様子が変化してきているのを感じていると話した。また、祖母や夫に「心配しなくていい」と言われているが、保健師からいろいろなことを勧められ、どうしていいかわからなくなることや「うまく子育てできているか、わからない」「子どものために一生懸命やっているのに」「子どものためにやるのは構わないが、なんで今回心理相談を勧められたのかわからない」「子どものための心理相談か、私のための心理相談か」「私がダメなお母さんということか」「子どものためならと思って今日は来たけど」と話し、涙ぐんだ。その後心理相談を勧められた電話がかかってきた日時（金曜日の夕方）や断りづらい雰囲気の話し方などについての不満を話した。相談の最後には「愚痴ばかりになってしまった。すみません」と話した。Aちゃんと母親は発達支援センターや遊びの教室に通うことになっているため、心理相談はいつでも予約が取れることを伝えいったん終了とする。

＊面接時のAちゃんの様子

入室後Aちゃんがおもちゃの入ったカバンを見ているので、〈おもちゃ、気になるかな。出して遊んでもいいよ〉と筆者が話しかけるとAちゃんは相談室のおも

ちゃを箱や袋からすべて出し床の上に広げた。しかし、おもちゃで遊ぶ様子はなく部屋の中をうろうろ歩く。Ａちゃんがおもちゃを出し始めた時やおもちゃを出しっぱなしにしてその場を離れるときなどに、母親が「貸してって言いなさい」や「ダメでしょ」とＡちゃんに声をかけるとＡちゃんは条件反射のように頭を下げお辞儀をした。その後面談室の壁際にある椅子を整頓するかのように同じ向きに隙間なく並べた。Ａちゃんは面接中は言葉を一言も発することはなかった。また、筆者が名前を呼んでも、話しかけてもこちらを見ることがなかった。

＊所感

　Ａちゃんに関しては言葉が出ていないこと、視線が合わないこと、関係性が取りにくいことなどから、専門的な関わりや支援が必要であると感じた。母親はＡちゃんや自分自身が支援を受けることに抵抗を感じていることや専門機関に対し不信の念を抱いているように感じた。しかしながら、Ａちゃんの発達に対する不安も感じ、発達支援センターや遊びの教室に来談する予約を入れる行動をとっており、Ａちゃんにとって良い方向に繋がっていくものと感じた。また、母親の精神的不安定さやうつを疑わせるような言動も大変気になった。母親に対する心理支援の必要性を感じたが、母親自身に対するカウンセリングや心理相談は抵抗が強く、母親への支援は信頼関係の形成が前提であると感じた。そのため、Ａちゃんに対する支援を進めていく中で母親に対する信頼関係が形成できたら、改めて母親への支援について提案し、どこか専門機関につないでいくことがＡちゃんの発達にとっても重要であると感じた。

〈事例２〉

＊相談の経緯

　１歳半健診でＢちゃんの言葉の発達について、「様子を見ていきましょう」と言われた。３歳児健診でも同様のことを言われ、母親からの希望で心理相談の予約を入れる。

＊相談内容

　「今年度から幼稚園（年少クラス）に通っている。幼稚園に行くようになってＢが成長していることを実感している。しかしそれと同時に、他の子と同じようにできること、できないことの差も目につくようになってきた。言葉は徐々にでるようになっている。Ｂの兄が言葉の遅れなどで発達支援センターに週１回通っている。

Bも通わせた方がいいのかどうか悩む。その見極めに検査を受けたほうがいいのではないかとも思っている」と母親は話した。支援センターの先生に相談をしたら、「月1回来て、様子を見ましょう」と言われたことや、その後3か月たったがまだ1回しか支援センターにBちゃんを連れて行くことができていないことを話し、「これでいいのかと不安になる」と話した。これまでは、兄に言葉かけをすることを意識していて、Bちゃんとはあまり関わってこなかったのかもしれないと感じ、最近、Bちゃんと関わるように意識している。幼稚園の先生からはゆっくりだけどBちゃんのペースで発達しているので、様子を見ながら見守っていけばいいのではないかと言われている。さらに幼稚園の先生は、「Bちゃんのような子は他にもいますよ」と言っていることなどを話した。母親としては発達が遅れているのではないかと心配したり、心配しすぎなくてもいいかと思いなおしたりの日々であると訴える。Bちゃんの様子をしばらくみて気になることや不安があれば心理相談の予約を入れることを提案し、心理相談はいったん終了とする。

＊面接時のBちゃんの様子

　入室すると、Bちゃんはにっこりと微笑む。筆者がおもちゃ（赤色、青色、緑色、黄色、白色のボールが1個ずつあり、塔の上部の穴にボールを入れると、らせん状に転がりながら落ちてくる）を箱から出すとBちゃんは自分からニコッと笑って何度もボールを入れて遊ぶ。〈ボール、ひとつください〉と筆者が声かけをすると、Bちゃんは笑ってこちらを見るもののボールは渡してくれない。〈赤色のボール、どれかな〉〈どの色が好きかな〉など聞いてみるが、笑いながらボールを入れ続ける。ボールが入っていた布袋を上部の穴に入れようとするので、筆者、母親が「入れないでね」「遊べなくなっちゃうよ」などと言うが、Bちゃんはニコニコして中に押し込む。見かねて母親が取り出す。再びボールを穴に入れて遊ぶが、またしばらくすると筆者や母親を見ながらニコニコして穴に布袋を入れる。「入れないでね」と、母親が取り出す。ここまでBちゃんは何も言葉を発しない。机の上にあるクレヨンを見ているのでクレヨンと紙を渡すと赤色のクレヨンを取り出し、なぐり描きをする。しばらく描いてから、ピンクのクレヨンを持ち、2つに折る。母親に「だめだよ。描けなくなってしまうよ」と注意されるが、ニコニコ笑う。他の色も出して同じように折ろうとするので、母親が注意をする。Bちゃんが小さな声で母親に「これ何」「これ何」とクレヨンを一本ずつ指さしながら聞いてくる。母親が「赤色だよ」「黄色だよ」と色を答えると、順に全部尋ねる。その後、机の上にある鉛筆で

点を描いたり、積み木を持って紙の上でぽんぽんとスタンプを押すようなしぐさをしたりして遊ぶ。〈つみき、ください〉と筆者が何度もBちゃんに声かけをすると、母親に促され小さな声で「どうぞ」と言い、笑顔で筆者に渡してくれる。

＊所感

　Bちゃんは母親や初めて会った筆者とのやり取りを楽しんでいるような姿が見られこちらの様子を窺うようにして遊んでいることやアイコンタクトができていること、日常生活の中でゆっくりながらも言葉が増えていることなどから早急に専門的な支援を必要としている段階ではないことを感じた。Bちゃんの兄が発達支援センターに定期的に通っていて、この親子とセンターがつながっていることなどから、しばらく様子を見ながらBちゃんへの支援をどうするか見守っていくことを母親に提案した。また、幼稚園との信頼関係もできている様子がうかがえたため、とりあえずここでの面接は終了と判断をした。母親には話せる場があることがストレスや不安の解消になることなどを伝え、いつでも相談機関とつながることが可能であると説明をした。

3　健診後の母子心理相談における注意点

　ここで求められている心理相談は1回ないしはより少ない回数の面談でアセスメントをし、所見を母親に伝えることであり、必要であればより適切な機関へとつないでいくことがある。子どもが低年齢であることから自分のことを語ることはほとんどなく、子どもを観察すること、母親からの聞き取りに集中することが中心となる。しかしながら、事例1に見られるように、母親の状態に気になることがある場合、子どもの様子以上に母親の状態に気持ちが傾いてしまうことがある。もちろん、子どもの発達にとって、母親の心理的安定や精神状態は少なからず影響を及ぼすものであり、母親を支援することで子どもにとっての良い環境となることがあるという意味から母親を注意深く見ていく必要はある。しかし、このことにより限られた時間の中での子どもの観察がないがしろになることがあり、注意が必要であると感じた。

　ここでの心理相談後の母親、子どもの受けられるサポートについては、子どもの発達や適応状態、母親の状況などにより変更は可能であるが、母親の理解の度合いや心理状態を配慮した伝え方が必要とされる。特に専門機関を紹介する場合には慎重に話を進めていく必要がある。乳幼児期早期の支援は、親が感じている不安を丁

寧に拾い上げ、親が子どもとのかかわりを楽しめるようになることを支えているという視点を忘れてはならない。

V 気になる子どもたちのグループ活動
1 活動の概要
　発達に気になるところがある子どもたちがコミュニケーションを伸ばしていくためには、個別に認知や理解の訓練を行うだけでなく、実際のコミュニケーション場面いわゆる人との関わり、子ども同士の関わり体験の中で学んでいく必要がある[16]。このような子どもたちに必要とされるのは、関わり方の知識だけでなく、実際の人との関わりを体験し、その中で困った経験やトラブルを繰り返しながら、その場面の理解と問題解決の方法を自分で考えていける問題解決の力をつけていくことである。しかしながら発達に気になるところがありながら診断を受けていない子どもや親の中にはその子の発達や特徴にあった発達支援を受けるという意識が低かったり、希望しても受けられる支援が十分ではなかったりしている。そのため、参加した子どもとその親のグループ活動に参加することへの動機づけを高めること、支援を受けることへの抵抗を軽減すること、グループ活動が子どもたちの居場所になることを目指す発達支援のきっかけづくりを目的とし、少人数のグループ活動を実施した。

　ことばの発達や対人関係において気になるところがあると家族が感じている子どもを対象に2回のグループ活動を実施した。参加者（子ども）は活動を開催するたびに募った。1回目には4名、2回目には5名の子どもたちが参加をした。参加者の大半は初対面であった。1回の活動は45分を設定した。活動に入る前に子どもたちは親と別れ子どもたちだけで活動をし、終わったら迎えに来てもらうことにした。

　大まかな流れは、活動の前に導入として、絵本や紙芝居の読み聞かせをする。その後、主活動をする。活動内容として、運動能力の低さ、不器用さ、想像力の乏しさに着目したものを取り入れた。また、自分の気持ちに気づくことや気持ちを表現することを苦手とする子どもたちが多いので、これらのことをふまえ自分を表現してみることにも着目した内容を考えた。

2　活動の流れ

（1）活動1

＊テーマ「にんじゃになってみよう」

＊流れ

①紙芝居の読み聞かせ

　初めに導入として、紙芝居『にんじゃがやってきた！』（作・今村幸介、絵・山口みねやす）を読む。子どもたちの中に「忍者って楽しい」「わたし（ぼく）も忍者みたいなことをしてみたい」という気持ちを高めるようにする。その後「みんなも忍者の修行に挑戦しよう」と声掛けをする。

②忍者の修行に必要な道具作り（手裏剣、衣装）

　修行に必要な道具の準備をしようと誘い、手裏剣と衣装を制作する。手裏剣は白い紙を丸く切ってあるだけのもの、その中に黒の線で星が描かれているものの2種類を用意し、好きなものを描いたり、色を塗ったりシールを貼ったりして一人3個作る。手裏剣の裏にそれぞれ記名をする。忍者に変装するための衣装を作りたい子は、黒いビニール袋に穴をあけ、カラーのガムテープで襟元を表現した忍者服を作成する。腰で縛るためのビニール紐も用意する。前もって肩からかけられる小さな黒い紙製の入れ物を用意しておいて、希望する子どもに渡す。入れ物の中に手裏剣を入れてもらい、肩からかけてもらう。

③忍者修行（修行1.忍び足、修行2.手裏剣、修行3.変身）

　みんなで忍者修行をする。

〈修行1.忍び足〉

　2本のテープでラインを引きその間を忍び足で歩く修行をする。忍び足（1.人に気づかれないように歩く、2.音を立てないように足を抜き上げる、3.音を立てないようにつま先から静かにおろす）の説明をし、忍び足の手本を示す。ゆっくり歩く忍び足と速く歩く忍び足をみんなで一緒に2回練習する。その後、一人ずつ順番にゆっくり歩く忍び足、速く歩く忍び足をする。できたことを確認したら胸にシールを貼る。

〈修行2.手裏剣〉

　手裏剣を人に向けて投げないこと、合図があるまでは投げた手裏剣を取りにいかないことを約束する。その後、決められた位置（床にテープを貼る）から手裏剣を投げ、的の中に入れる練習をする。一通り投げ終わったら、投げた手裏剣を取りに行く。全員が自分の手裏剣を手にしたのを確認し、本番に臨む。各自が持っている

3枚の手裏剣のうち、どれか1枚でも的に入ればいいこととし、できたことを確認したら胸にシールを貼る。
〈修行3．変身〉
『し・し・しのびあし』（作詞、作曲・谷口國博、NHK「おかあさんといっしょ」）という歌に合わせて、体を動かし、見本を見せる。子どもたちに「○○に変身」の歌詞のところが違うものに変わること、その言われたものになりきって変身することを確認する。歌の歌詞通り、1番「木」、2番「石」、3番「壁」、4番「犬」に変身してもらう。変身できたことを確認したら、胸にシールを貼る。
④「かっこいい忍者」に認定
　シールが3枚ついている子（修行を3つともできた子）には「かっこいい忍者」の認定の印としてメダルを首にかける。
　絵本『すっぽんぽんのすけ』（作・もとしたいづみ、絵・荒井良二、鈴木出版）、紙芝居『スイッチにんじゃ』（作・苅田澄子、絵・つがねちかこ）を読み、いろいろな忍者がいることを子どもたちに話す。かっこいい忍者で居続けるように伝えて終了する。

（2）活動2
＊テーマ「サンタさんへの手紙を書こう」
＊流れ
①絵本の読み聞かせ
　初めに導入として、絵本『まどから☆おくりもの』（作、絵・五味太郎、偕成社）を読む。子どもたちの中に「サンタさんからプレゼントをもらいたい」「自分が欲しいものをもらうためには何がほしいのかサンタさんに伝えるとよい」という気持ちを高める。
②サンタクロースにお願いしたいことの決定
　クリスマスのプレゼントとしてサンタクロースからもらいたいものを考えてもらう。欲しいものが決まったら、ことばで表現する（具体的なおもちゃ名やキャラクター名など）。発想が浮かばない子どもがいる可能性があるので、おもちゃの広告や写真などを用意する。
③クリスマスカード（サンタクロースへの手紙）の作成
　次に、クリスマスプレゼントにほしい物をカードに書く。絵で描いてもよいと子

どもたちに伝える。書けない（描けない）子どもたちのために、貼るだけのもの（広告の切り抜きやシールなど）、色を塗るもの（キャラクターの塗り絵などの切り抜き）も、用意しておき、子どもたちに選んでもらう。欲しいものが早くかけてしまった子にはカードに飾りつけをしてもらう。

④封筒の作成

　サンタクロースへの手紙が全員かけたら、手紙を入れる封筒を作成する。靴下形に切って、端にパンチで縫い穴をあけた画用紙を一人につき２枚使用し、手紙を入れる封筒を作成することを説明する。初めに、靴下形の画用紙を見せ、次に、靴下形の画用紙の穴に毛糸を通して鞄のようにした封筒の見本を見せる。子どもたちに好きな色の靴下形の画用紙と毛糸を選んでもらう。選んだ子から穴に毛糸を通して封筒を作成する。毛糸を通し終わったら、担当者が長さの調整をして毛糸を切り結ぶ。封筒に飾りつけをする。飾りつけには、絵を描いたり、字を書いたり、シールを貼ったりしてもいいことを伝え、子どもたちに思い思いの封筒を作成してもらう。

　絵本『サンタクロースと50ぴきのトナカイ』（作、絵・エアーダイブ、Dybooks）、紙芝居『クリスマスなんか　だいっきらい！』（作・山崎陽子、絵・大和田美鈴）を読み、いろいろなサンタクロースがいたり、いろいろなクリスマスの過ごし方があったりすることを子どもたちに伝え、クリスマスのイメージを膨らませて終了とする。

3　活動の振り返り

　ASDの傾向を持つ子どもたちは、その特徴から、集団生活では苦痛を伴うことが多い。しかしながらASDの子どもたちは集団活動をすることにより、他者からのコミュニケーションの受け入れ幅を増やしたり、自分から相手に発信できたりする範囲を広げていく。その中で、この場所は居心地がいいとか、人と話すことは楽しい、嬉しいというプラスの経験をしていく[16]。そのため、参加した子どもたちが活動を楽しいと感じてくれるような居場所づくりが必要となる。そこでの活動を通し、子どもの中に「他人といても大丈夫」「安心して自分が出せる」「親以外にも認めて受け入れられる」などという感覚が育っていく。このような場を共有することで、子どもたちが安心していられる集団を認識していくことになる。

　そこで、まず活動の場に来ること、そしてその場にいられること、参加できる

ことが目標となる。このような子どもたちが「この場所に来るとなんだか楽しい」「他の子と一緒に何かをすることはなんだか楽しい」「また、ここに来たい」と感じ、安心して参加できる環境を作ることである。そのため今回の活動では子どもたちが集団生活に参加するきっかけ作りと位置づけた。今回の活動で取り入れた内容は、興味関心を持ちながら体を動かすことにより不器用さなどに関連すると思われる運動機能のコントロールを意識するもの、集団で活動するときのルールを意識できるもの、楽しみながら人と同じ時、空間を過ごすことができるものなどであった。

　ASD のある子どもたちは ASD のない同年齢の子どもたちと比較すると運動能力がかなり低い [17] ことが明らかになっている。そのため、今回の活動では、足の力をコントロールすることにより課題が達成できる「忍び足」を取り入れたり、手首や腕の力をコントロールすることにより課題が達成できる「手裏剣」を取り入れたりした。また、手先の不器用さに対する取り組みとして、サンタクロースへのお手紙を入れる封筒作りのために穴に毛糸を通す活動を取り入れた。「忍び足」や「手裏剣」は、「忍者の修行をする」という仕組みを作ることで、子どもたちにも親しみやすい課題として受け入れられ自然にモチベーションを高めることできた。また、できた時にシールという「ご褒美」を活用することにより、楽しみながら活動することが可能となっていった。さらに、メダルを受け取ることで、子どもたちの自信や自慢につながっていったものと思われる。ASD のある人への運動介入の研究では、運動をすることによって、運動能力が高まるばかりか、常同行動や心理社会行動に向上が見られたという証拠が蓄積されている [18, 19]。今回の活動においても、単なる運動機能の向上に向けた課題ということだけではない発達支援に繋がるものになったものと考えられる。

　封筒の穴への毛糸通しの課題では、眼と手の協応性を目的とした。不器用さを伴うことの多い ASD の傾向を持つ子どもたちの中には、小さな穴に毛糸を通すことが困難で活動をやめてしまう子どもがいるのではないかと予測をしていた。そのため、そのような場合にはテープで周囲を貼ることを想定したが、この課題に対して、子どもたちは穴に毛糸を通すことに興味を持って取り組んだ。そのため、その意味では課題をほぼ達成できているものと思われる。

　しかし、子どもたちの毛糸の通し方は見本と同じように 2 枚の画用紙を縫い合わせるために穴に毛糸を通すというものではなく、思いのままに毛糸を穴に通してい

る場合が多かった。発達障害が疑われる子どもたちは、目と手の協応性が求められる課題をした場合、パフォーマンスをした後にフィードバックを多くしてもそのパフォーマンスの修正につながらない[20]ことが報告されており、本来の意図と違う行動をした時に、言葉で指摘をするだけでは良い結果が得られないことが窺える。そのため、今回のような課題でも、ただ単に見本を示すだけでなく、どのような目的があって、なぜ穴に毛糸を通すのかというところまで子どもたちと一緒に考えながら課題を達成していく流れを作っていくと、子どもたちの行動やその結果が違ってきたのであろうと考えられる。

　これらのことを踏まえ、課題を選択するときの注意点として、1. 子どもの動機づけが高まるような慣れ親しんでいるものを取り入れながら運動課題の選択を考えること、2. 個々の発達のレベルと興味を考慮した発達課題に取り組むことができるように環境を整えること、3. 課題を行う前に適切な動きのイメージが持てるような準備（声かけ、写真、図など）をした上でメンタルリハーサルの時間を十分にとることが挙げられる。

　麻生らは、ASDのある子どもたちの象徴遊びでは、即興的なふり遊びがみられにくいことを課題としてあげており、象徴遊びのレパートリーが乏しいことや、物を対象とした遊びや自己を対象とした遊びが多いことを指摘している[21]。今回の活動では象徴遊びの一環として忍者の修行の「変身」という課題を取り入れた。ASDと似たような特徴を持つ子どもたちにとって、今回の課題は困難なものであることが予測されたが、子どもたちは楽しそうに歌に合わせて振付をし、歌詞の中にある「木」「石」「壁」「犬」になりきることができた。これには言われたものを想像しそのものになるというよりは、自分が忍者になるという思いが働いたり、今回使用した歌の振りをテレビなどで見たことがあったりすることなどがあり、単に単語が表わしているものを頭でイメージするのではなく、「○○になる」がよりイメージしやすいものであったからではないかと考えられる。

　また、ASD傾向の子どもは、ことばの発達に遅れが見られることやことばの使用が特異的であることが多い。外からの刺激に対して反射的に行動してしまったり、自分の感情や思考をことばで表現できないため、周囲に乱暴をしたり、怒りを爆発させてしまうことがある。そこで、今回の課題では、変身の修行の中やクリスマスカードなどで、「ことばで表現する」ことに取り組んだ。変身の修行では、何か変身してみたいものを考えことばにするように子どもたちに投げかけたが、子ど

もたちからは何も反応がなかった。これには、今回の課題が「ことばで表現する」ということだけでなく、歌のリズムに合わせて、自分からことばを発し歌詞を変えていかなければならないということが加わったため、十分な時間をとって考えたりまとめたりということができず、より高度な課題になったものと考えられる。クリスマスカードにおいては欲しいものを決める（自分の思いを整理する）ことやそれをカードに表現する（自分の思いを言葉や絵などに表現する）ことをしたがらない子どもがいた。また、これらのことに時間がかかる子どももいた。そのため、そのような子には「かく（書く、描く）」ことにこだわらず、「話す」という課題に変えることにより、課題を達成することができた。

今回は参加した子どもとその親のグループ活動への動機づけを高めること、支援への抵抗を軽減すること、子どもたちの居場所のきっかけづくりを目的とした。今回の活動を通して改めて感じたことは、ASD傾向の子どもたちは、今楽しいと思うこと、今満足できることに敏感に反応するということである。また、自分が面白いと思ったことには意欲を持って取り組むということである。乳幼児期の子どもたちなら誰もがこのような傾向を示すものかもしれないが、ASDの特徴を持つ子どもたちには、特に顕著に見られる傾向である。そのため、活動内容の選択にはその子どもの発達や偏りを考慮するとともに、子どもたちの興味関心、こだわりを取り入れ、子どもたちが楽しく充実した時間を過ごすことができるようにすることが大切であると考えられる。

Ⅵ　まとめ

乳幼児期における気になる子どもへの支援は発達障害の早期発見・早期支援につながるものである。この時期の支援に期待されるのは子どもの発達に合わせた支援と保護者への様々な情報提供による支援や子どもの障害や気になるところの受容についての支援、保護者自身のメンタルヘルスへの支援となってくる。

今回のグループでの活動から、ことばの発達や対人関係において気になるところがある子どもたちにとって、子どもたちの特徴を理解し発達に寄り添うことで、「集団の中にいられる」「活動に参加できる」と子どもたちが感じられる居場所づくりができることが明らかになった。

このような居場所での活動を通してASDの特徴を持つ子どもたちの中に、他の

子（人）が一緒にいても大丈夫という感覚を育てていく。子どもたちは人と関わることにより様々な体験をすることになる。今回の活動では課題に取り組むときに他の子がいることはどの子も意識して活動をしていた（順番に忍び足をする、手裏剣を投げるときにほかの子を意識するなど）。しかしながら、子どもたちだけでの交流やコミュニケーションの場面はあまりなかったため、もめごとや喧嘩は起きなかった。本来、子ども同士のかかわりの中には、意見の相違があったり、喧嘩があったり、もめごとが起きたりして、感情を爆発させてしまったり、乱暴な行動を取ってしまったりする。社会性を身に着け対人関係を発達させていくためには、そのような経験を通し周りに支えられながら自己解決の方法を身につけていく体験を繰り返していくことが必要である。また、ASDの特徴を持つ子どもたちは日常生活の中で、注意されたり指摘されたりという経験が多くなりがちである。このような子どもたちが、肯定的な自分概念を作っていけるような自分を認められる集団を見つけることが必要となってくる。

　今後の課題として、ASDの特徴を持つ子どもたちが安心して居られる関係の中でグループ活動をすることにより、コミュニケーション能力を高める活動を検証していくことが挙げられる。また、失敗経験ではなく成功体験を積み重ねていくなかで、活動の流れや見通しを学んでいくような内容の検証が必要となってくる。さらに、今回のグループ活動では、意図していたわけではないが、子どもの送迎の前後や子どもたちを待っている間に親たちの中に情報交換や交流、悩みや感情の分かち合いのような関係が芽生え始めていた。そのため、子ども、親、双方にとってより望ましいグループ活動や居場所づくりを検討することが望ましいと感じられた。また、診断を待つことなく受けられる支援や、工夫が必要となる子育てを家族で楽しみながら取り組んでいけるような関係づくりを一緒に目指していく支援をしていくことが重要である。

【注】
(1) DSM-5：American Psychiatric Association (2013) *Diagnostic and Statistical Manual of Mental Disorders, 5th Edition.* Arlington: APA. (高橋三郎・大野裕・染矢俊幸・神庭重信・尾崎紀夫・三村將・村井俊哉（訳）(2014)『DSM-5　精神疾患の診断・統計マニュアル』医学書院)。
(2) 保健センター主催の子育て支援事業。担当者は発達支援センターの職員。月1回×3

か月で1クールとし年4クール開催。子どもと保護者を対象に、親子でできる遊びの紹介を中心に活動をしている。

【引用文献】
[1] 中島俊思（2014）「乳幼児健診において発達相談から療育にどうつなげていくのか」臨床心理学　第14巻第2号　181-185.
[2] 「ライフステージに応じた広汎性発達障害者に対する支援のあり方に関する研究」（2010）研究代表者神尾陽子『ライフステージに応じた自閉症スペクトラム者に対する支援のための手引き』国立精神・神経センター精神保健研究所　5, 6.
[3] 永田雅子（2012）「発達障害の超早期支援――低出生体重児とそのリスク」そだちの科学　18号　32-36.
[4] Trevathen, C., Aitken, K., Papoudi, D. & Robarts, J.（1998）*Children with Autism 2nd edition: Diagnosis and Interventions to Meet Their Needs*. London, Jessica Kingsley Publishers.（中野茂・伊藤良子・近藤清美監訳〔2005〕『自閉症の子どもたち――間主観性の発達心理学からのアプローチ』ミネルヴァ書房）
[5] 杉山登志郎（2011）『発達障害のいま』講談社
[6] 伊藤良子・近藤直美・木原久美子・松田景子・小島真美（1991）「母親の情緒的交流遊びが自他認識とコミュニケーション活動に果たす役割」東京学芸大学特殊教育研究報告書　40号　95-103.
[7] 永田雅子・佐野さやか（2013）「自閉症スペクトラム障害が疑われる2歳児の母親の精神的健康と育児ストレス」小児の精神と神経　52巻3号　203-209.
[8] 野邑健二・金子一史・本城秀次・吉川徹・石川美都里・松岡弥玲・辻井正次（2010）「高機能広汎性発達障害児の母親の抑うつについて」小児の精神と神経　50巻4号　429-438.
[9] 「ライフステージに応じた広汎性発達障害者に対する支援のあり方に関する研究」（2010）研究代表者神尾陽子『ライフステージに応じた自閉症スペクトラム者に対する支援のための手引き』国立精神・神経センター精神保健研究所　3.
[10] 佐野さやか・石井朋子・永田雅子（2014）「ASDが疑われる児を対象とした早期育児支援教室への参加による母親の子どもへのかかわり方の変容」乳幼児医学・心理学研究　vol.23, No.2.
[11] 「ライフステージに応じた広汎性発達障害者に対する支援のあり方に関する研究」（2010）研究代表者神尾陽子『ライフステージに応じた自閉症スペクトラム者に対する支援のための手引き』国立精神・神経センター精神保健研究所　21, 22.
[12] 厚生労働科学研究費補助金（こころの健康科学研究事業）「発達障害（広汎性発達障害、ADHD、LD等）に係わる実態把握と効果的な発達支援手法の開発に関する研究（主任研究者：市川宏伸）平成17～19年度総合研究報告書」（2008）5-9.

［13］本田秀夫（2014）「厚生労働省科学研究費補助金障害者対策総合研究事業：発達障害児とその家族に対する地域特性に応じた継続的な支援の実施と評価——平成25年度総括・分担研究報告書」
［14］本田秀夫「幼児期の発達障害に対する地域支援システム」精神科治療学　第29巻増刊号　121-125.
［15］本田秀夫（2015）「自閉症スペクトラム症の早期発見、早期療育からその後の支援をトータルに保証するコミュニティケア・システム：DISCOVERY」アスペハート vol.37　36-41.
［16］纐纈えみ（2010）「子ども同士の関わりの中でコミュニケーションを育てる」アスペハート　vol.24　30-35.
［17］Miyahara, M., Tsujii, M., Hori, M., Nakanishi, K., Kageyama, H., & Sugiyama, T. (1997) Brief report : Motor incoordination in children with Asperger's syndrome and learning disabilities. *Journal of Autism and Developmental Disorders,* 22, 595-603.
［18］Lang, R., Koegel, L. K., Ashbaugh, K., Regester A., Ence W., and Smith, W. (2010) Physical Exercise and Individuals with Autism Spectrum Disorders: A Systematic Review. *Research in Autism Spectrum Disorders,* 4, 565-576.
［19］Sowa, M., and Meulenbroek, R. (2012) Effects of physical exercise on Autism Spectrum Disorders: A meta-analysis. *Research in Autism Spectrum Disorders,* 6, 46-57.
［20］増田貴人（2013）「幼児期から小学校段階での子どもの運動発達と不器用さの表れと指導方法」アスペハート　vol.33　46-51.
［21］麻生武・木村真佐子（1985）「T君らしさの世界——ある就学前自閉症児のごっこ遊び・言語・自我・象徴 能力の分析」京都国際社会福祉センター紀要　1　22-85.

第2章 2歳児の自立
——モンテッソーリ教育場面からの一報告

清水 紀子

はじめに

　幼児教育の目的は、毎日の生活の中で子どもがその子なりの精一杯の自立を実現できるよう導くとともに、生涯に渡って年齢や能力相応の自立を維持しようとする素地を養成することである。たとえば、一般に20歳の自立と言えば、本人の人生の目標に向かって専門知識の獲得や経済的自立を叶えていることがひとつの例として挙げられようか。60歳の自立と言えば、自身や家族の生活を守るために家族と分担している役割を成し遂げられていることと考える人や、地域社会や国家の一員としての責任に言及する人もいるかも知れない。1人ひとりの生活環境の中で自立の中身は違ってくるものの、不必要な依存や介入を取り除きつつ周りの人に対する責任を自分なりに考えていくと、その人の自立の姿が見えてくる。

　経済や生活の自立ばかりが問題なのではない。自立は大きく3種類に分けて考えることができる。精神的自立（自由と責任）と知的自立（思考の独立性）、そして物質的（身辺的）自立である。精神的自立とは、精神的に他者に縛られていないこと、つまり、自分の考えで自由に主体的に行動できることである。知的自立とは、個人の考えを誰にも左右されずに持てるかどうかに関するものである。最後に物質的（身辺）自立とは、自分の体の衛生管理や、着替え、持ち物の支度（忘れ物をしない）などの身の回りの自立のことである。たとえば10歳の子どもであれば、自分の身体的清潔管理や持ち物の整理整頓はもとより、他者に流されない思考や情緒の自己コントロールも自立の問題となろう。

　もっと小さな2歳児にも2歳なりに身辺自立や行動・感情の自立という目標がある。「3歳になったら、2歳のときより我慢して待てるようになったね」とか、「1人で傘が持てるようになったの？　おねえさんだね」などの肯定的な意識づけは、今の自分の自立を喜べるよう導くことと、常に自立的な人であろうとする意欲を育

てることの両面を刺激する働きかけの一例と言えるだろう。

　本章では、医師としての知識と経験から子どもの自立について真摯に観察・検討し、独自の教育方法を実践したマリア・モンテッソーリを取り上げ、彼女の発達理論を概観する。さらに、2歳児の発達を例に、環境を整えることで子どもの自然な自立をどう叶えるかという彼女の考え方について理解を深める一助としたい。

I　モンテッソーリの発達理論：子どもの中にある発達プログラム
1　未熟な新生児：心理的胎児期

　人間の新生児は、他の生き物に比べて非常に未熟である。1人で立つことができないばかりか、自分で自分の体を支えることもできない。その心と体がある程度の自立（たとえば、自分から母親の母乳に届く）を果たすためには生後かなりの期間を要し、歩行までを考えると1年以上の発達を先送りにして生まれてくる。その分、生後の育児が適切になされるかどうかが負う責任は大きい。野生児や被虐待児による希有な例証が示す結果を見れば、食事の仕方や言語などの文化的側面の発達はもとより、二本足で立って歩くという種としての共通の能力でさえ、生後数年間の生活環境の中で模倣によって習得されるものであると分かる。この、生後に持ち越された自己構築の時間を、モンテッソーリは心理的胎児期と呼んでいる[1]。本来であれば胎内でもっと身体的に完成されてから生まれてくるはずのところと考えると、生後も胎児期的な発達が続く人間の特徴をよく表現している。

　心理的胎児期は生後の期間であるから、子どもは生まれ出た環境に晒されている。母親の胎内は整えられた閉鎖空間であるのに対し、外の環境は人間の文明や文化の発展によって自然の中に創り出された空間である。1人ひとりの子どもがどのような人に育っていくかは、生まれ出た家庭の考え方によって整えられた個別の環境に依存するわけである。それでも、余程のことがない限り人は人間として育っていく。それは、心理的胎児期を生きる子どもの体の中に、人間として発達するためのプログラムが予め用意されているためとモンテッソーリは考えている。

2　無意識の衝動"ホルメ"と敏感期

　1歳すぎから2歳くらいにかけての子どもは、歩きにくい場所を選んで歩いたり、到底持ちあげられそうにないような大きなものや重たいものをわざわざ選んで持ち上げようとしたりする。小さな子どもと暮らしたことのある大人なら誰でも経験済

みの光景であろう。危ないからとか、まだ無理だからなどという理由で大人が止めようとしても無駄である。この時期の子どもは、自らを魅了するその難題に強く惹かれるあまり、何とかもう一度やってみたいがためにするりと大人の手をすり抜けようとする。頭で考えて決めているというよりも、体がどうしようもなく求めていると言ったほうがぴったりくる。つまり、無意識な衝動に突き動かされているのである。

　この衝動は"ホルメ"[1]と呼ばれるもので、非常に強いエネルギーとなって子どもを導くが、そのエネルギーをある方向（人間発達の方向）に収斂させるように働くものとして、モンテッソーリは"敏感期"について述べている[1]。敏感期は、オランダの生物学者ド・フリースの発見した蝶の習性[2]からの着想であるが、人間は、たとえば運動の敏感期、言語の敏感期というように、それぞれの器官を発達させる適期がある程度決まっていて、その期間中の子どもは、環境の中にある特別な要素に本来的に惹きつけられ、ある種の行動を無意識にとっているうちに特定の機能を発達させることを示している。

　この敏感さは一定期間続いたのち消滅する点で後に発表された臨界期という概念に似ている。臨界期は、その時期を逃したあとの発達が極端に難しくとなることに力点を置くが、敏感期は、その間の発達が特別な努力を要さない無意識的で集中的なものであることを主に指摘する概念である。

　言語獲得も敏感期に導かれるものの1つである。乳児期から6歳までの子どもが適切な言語豊かな環境に置かれれば、特別な意識的努力を必要とせずに第一言語（話す、聞く）を獲得することができる。ある程度大きくなってから第二言語を習得しようとした人なら誰でも、そのときに要した努力の大きさや完全な習得までにかかった時間の長さを記憶しているが、第一言語に関してはいつの間にかしゃべっていたとしか言えないものである。しかし稀に、置かれた環境が言語的刺激に著しく欠ける場合などで第一言語の獲得が妨げられてしまうと、成長してから努力をしても、いわゆる言語なるものの獲得が叶わない場合もある。このような言語への敏感さは6歳を過ぎると徐々に低下していく。

　運動や言語などモンテッソーリは6つの敏感期を挙げているが、中でも興味深いものの1つに秩序の敏感期がある。ここでいう秩序とは、空間的・時間的規則性のことである。

　生まれて間もなくの乳児であっても、動くものを目で追い、聞こえてくるものに

耳を傾け、自分の周りにある環境を手掛かりに一日のリズムを理解していく。大人が考えるよりもずっと優れた認知能力をもって事象を捉え、複数のものごとを自分なりに関係づける力も持っていて、そのルールどおりでない場面では困惑するようになる。実際、1歳未満の乳児が突然に強く泣くとき、いつも周りで守られていたルールが乱された結果であることは意外と多い。

モンテッソーリは著書の中で、普段は別の場所にしまわれている傘がテーブルに置かれただけでひどく泣いた生後数か月の乳児が、傘が片付けられるとすぐに泣きやんだ例に触れている。また、母親がコートを脱いで腕に掛けたとたんに機嫌悪く泣き始めた1歳半の子どもが、どんなにあやされても泣きやまなかったのに、母が再びコートを着るとすぐさま泣きやみ「ママ、コート」と言った例に触れ、それがまるで「そうだよ、ママ、コートは着るものだってやっと分かってくれた？」と言いたかったようだったと述べている[1]。ほかにも、いつも散歩の途中で通る道のある地点で、目印になる置物や看板など同じものを見つけては必ず歓喜の声を立てる乳児など、3歳くらいまでの子どもは規則性を非常に愛しているし、その順序をも的確に把握している。

秩序の敏感期について知っておくと、家庭内でものの場所を一定にしたり生活のリズムに一貫性をもたせたりという工夫により、子どもの心の安定に役立つ。幼い子どもは決まりがある方が気持ちよく過ごせるし、繰り返し同じことが同じ順番で規則正しくおこる環境づくりは、幼い子どもの自立の一助ともなる。たとえば自分が思った通りの場所に探していたものが見つかる経験や、同じ道をたどれば同じ場所に出る経験は、日々の生活空間についての子どもの知識を常に肯定するものだからである。知っている通りに物事が進むたびに「やっぱり思った通りだ」という追認ができると、幼いなりに「自分はこの世界を分かっている」という自信になっていく。

3　敏感期と一緒に働く"吸収する精神"

子どもの自己構築を助けるもう1つの機能が"吸収する精神"と呼ばれるもので、これもまた、生来的なものと考えられている[2]。吸収する精神は、0〜6歳くらいまでの子どもに見られる機能で、五感を通して得られた情報を無意識に自動的にすっかり取り込むことを指している。3歳の子どもに花の名前や外国語のフレーズなどを教えると、たった一度きりで完璧に覚えてしまうことがある。ほかにも、

1から100まですっかり唱えられる2歳児や、鉄道の駅名を始発駅から終着駅まで順番もぴったり再生できる子どもも見聞きされる。だからと言って、記憶の天才とか、100までの数字を扱える数学の天才なのではない。覚え込むことと再生することが大きな苦労なくできてしまう、特別な時期を生きているだけの普通の子どもである。

　言葉（音の感覚）だけでなく、空間的なものの配置や模様などもぱっと飲み込むように吸収してしまう。大人であれば、空間の中の何かに焦点化してしかものを見ることが難しいものであるが、吸収する精神は、まるでカメラで写真を撮るように全体を一飲みにしてしまう。たとえば、幼児と散歩している途中でバスが追い抜いて行ったとき、そのときは特別バスをじっくり見ていたわけでもないのに、しばらくして「さっきのバスは……」と水を向けると、その色や模様まで正確に言えて大人を驚かすこともある。

4　体の中にある発達

　1歳を過ぎるころには運動や認知、コミュニケーション能力が飛躍的に発達し、五感を通した周りとの相互作用の結果として自分のパーソナリティの基礎（行動の型）を発達させていく。しかし、3歳くらいまでは子どもが興味の対象に向かっていく行動の大部分は無意識的であり無選別である。モンテッソーリによれば、子どもが意志と呼べるものを発動させるのは3歳を過ぎてからで、それまでは、子どもに内在する無意識の衝動が行動を決めていると考えられている。その点ではこのころの自己構築は半ば本能的に子どもの中にプログラムされたものの開花と言える。たとえば、運動の敏感期の中でも体の均衡を取ることに特に強く惹かれる時期（生後間もなくから1歳ごろまで）は、寝がえりやずりはい、座ること、つかまって体を起こすこと、這って目的の場所に移動すること、立ちあがること、というように活動の範囲を広げて行くが、それは、子どもの中で、より難度の高いバランスを達成したいという要求（運動の敏感期）が無意識のエネルギー（ホルメ）を導いているためとモンテッソーリは理論づけている。

　以上のように、非常に未熟に生まれてきてしまう人間の子どもであるが、発達のプログラムはホルメと敏感期の協働という形で生まれながらに体内に備わっている。そして、吸収する精神という機能があることで、それぞれ強く表れる時期が異なる敏感期の指示どおりに行動するだけで子どもは、自分の体の様々な器官を生後の環

境の中で順次発達させていくと考えられる。しかし、子どもを取り巻いている環境が豊かに整っていなければ、敏感期という好機を逸することもある。様々な敏感期が続いて現れる6歳までの幼い子どもの教育に携わる大人は、発達のプログラムを熟知するとともに求められている環境を整備しつづけることが大きな使命である。

Ⅱ 大人の役割：環境の整備

発達は子どもの中にプログラムされていると言っても、それを存分に開花させるためには環境を整える大人の助けが必要である。ここでの留意点は子どもの発達を邪魔しないことである。具体的に大人がどうするべきなのかという問題について、物理的・人的・時間的環境に分けてモンテッソーリの考えをたどっていく。

1 物理的環境

最初に空間づくりについて述べる。ここでのポイントは、子どもの自立的な動きを妨げないことと、子どもの注意力や思考力を引き出す豊かさを備えることである。前者は、子どもサイズの家具を用意し、道具を一定の場所にしまい、自分が自立的にやりたいことをやれるよう準備しておくことである。

たとえば、絵を描きたいと思ったときにクレヨンや絵の具などがいつも決まった場所に子どもの手が届く状態でしまってあれば、大人の手を借りずに自分ですぐに取りかかることができる。画用紙など、無駄にしてほしくない材料でも、最初の1枚だけは子どもの環境に出しておき2枚目からは大人に出してもらうなど、自由な活動選択をなるべく妨げないやり方が望ましい。

道具などは、子どもサイズであって

写真2-1 踏み台を使って家庭の洗面台でピッチャーに水を汲む2歳児

第2章　2歳児の自立——モンテッソーリ教育場面からの一報告　　25

写真2-2　ピッチャーからじょうろに　　写真2-3　水やりをする2歳児
　　　　　水を移す2歳児

　本物のもの（しっかりとした機能があり、おもちゃでないもの）を用意する。その際、重すぎず軽すぎず、乱暴に扱ったら大きな音が出たり壊れてしまったりする材質のものを使うと、丁寧に扱う注意力や大切にする責任を養うことができる。プラスチックの軽いもののほうが子ども向きと考えられやすいが、乱暴に扱っても割れたり傷ついたりしないものであると、却って子どもの不注意な扱いに大人も無頓着になるものである。2歳くらいになると、ものを丁寧に扱う微細な動きも練習次第でできるようになる。子どもだからできないだろうと思わないこと、子どもなりに発達していることを良く観察することが必要である。

　物理的環境が整っていないせいで子どもが不必要な失敗をしたり集中を妨げられたりしないという観点も重要である。たとえば写真2-1〜2-3では、子どもが自分で花の水やりができるよう整えられた環境例である。ここでは、ベランダの定位置から琺瑯製のピッチャーを取り出し、洗面台に行き、ピッチャーをそっと台の上に置いてから踏み台に上がり、半分まで水を汲み、そのピッチャーを横に置き（写真2-1）、踏み台を降り、ピッチャーを手に持ち、部屋を横切ってベランダまで行き、ピッチャーをそっと床に置き、自分が先にベランダに出て、ピッチャーからじょうろに水を移し（写真2-2）、いよいよ好きな植物に水をやる（写真2-3）、という一連のステップを子どもに見せる。吸収する精神をもつ子どもは、1回〜数回でそれらのステップをすっかり覚え、ホルメと秩序の敏感期に従ってそのルールを遵守する。このルールはすべて、子どもが不用意に失敗しないために大人が考えたものである。ものをもったまま踏み台の昇降をさせないことでの安全確保、ベランダと水道の往復の間に不必要に水をこぼさぬよう水道からじょうろに直接汲ませない（水

の入ったじょうろを長く運ばせない)、乱暴に扱ったら大きな音の出る琺瑯やスチールの道具を使うなど、子どものやりたい力と決まりを守りたい秩序の敏感期の力を借りつつ自立と注意力を育む仕掛けがなされている。

2　人的環境

　子どもの中にある発達を邪魔しないためにもっとも重要な環境は人的環境、すなわち大人の態度である。自立を引き出すためには指示をしないことが重要であろう。大人が先に指示をすれば、自然と子どもは受け身になるからである。「片付けなさい」と言うのは指示である。それに対して「片付けてから行きましょうか？」とか「どこに片付けるんだっけ、覚えてる？」などは本人の思考を尋ねる提案や問いかけ、誘いかけである。こちらの話し言葉がなんとなくわかる2歳くらいになれば、本人の考えを問いながら一緒に片付けに関わるとよい。伝わりにくく感じたら、「少しだけお手伝いしようか？」と言いながら最初だけ先に立って片付け始め、子どもが動き出したらそれ以上は代わりにやってしまわないことと、完璧を求めないことも重要な観点である。小さな子どもを相手にしているのであれば、とりわけ年齢らしい達成水準を尊重しなくてはならない。

　写真2-4は、花への水やりを終え、こぼした水をミトン型の雑巾で拭いている2歳児である。もちろん完全に拭きあげることはできないかもしれない。仕上がりだけを重視するのなら指示さえ出さずに代わりにやってしまうのが最も手っ取り早いやり方かもしれない。家の中を汚されたくないと思えば、そもそも水など触らせなければいいのかもしれない。しかし、体験をせずに習熟することなどあるのだろうか。今は自立を育てていて、自分でしたことは自分で始末して欲しいと思えば、子どもの手の届くところにいつも雑巾が置いてあって、しかもその雑巾は子どもサイズの思わず使いたくなるような手触りや使い勝手の良いものでなくてはならない。

　また、子どもがホルメと敏感期に沿って自由に活動するためには、子どもの能力や興味の範囲をよく観察し、

写真2-4　こぼした水を自分で拭く2歳児

子どもの行動の中に意図を読み取る能力が不可欠である。子どもが自分で自立して活動できるためには環境をどのように工夫したらいいのかを、常に考えている大人が求められている。加えて、家庭では両親や祖父母、幼稚園などでは教師たちなど、子どもの周りにいる複数の大人たちの態度が一貫していることや、常に子どもに模倣されても困らないお手本であることも肝要である。

　人的環境を整える際のもう1つの側面は子ども同士の助け合いが生まれる工夫である。たとえば、きょうだいの上の子どもが下の子どもを助ける場面を想定して、ものの配置や決まりごとを作っておくことも有用である。たとえば、赤ちゃんのためのおむつ置き場について、「どこに置いておいたらいいかな。ママの代わりに持ってきてってお願いすることがあるかもしれないからね」と上の子どもと相談しながら決めてみるのもいい考えであろう。

　モンテッソーリの幼稚園や小学校などでは、子ども同士の助け合いを引き出すために異年齢が常に一緒に活動する縦割りクラスを採用している。年少児は年長児の活動を見習ったり新たな挑戦を刺激されたりし、逆に年長児は年少児が困っていないか目を配る練習を促される。時に教師は、自分の手が空いているにもかかわらず、何かできないことがあって困っている年少児を年長児のところへ行かせ、手伝いをお願いしてみるよう励ますこともある。

3　時間的環境

　時間をどのように使うかという観点も1つの環境整備と言える。大人の都合で急がせたり、集中している時間を邪魔したりして、子どもの注意散漫な行動が大人の作る時間的環境のせいで起こる場合もある。たとえば、1～2歳くらいの子どもは1つの活動に飽きることなく繰り返し携わることがある。階段を上がって、上がりきったら降りてきて、最後の一段を降りて地面に着いた途端にくるりとまわってまた昇り始める繰り返しなどがそうである。大人の側がそれを見守ることに先に飽きてしまい、あっちで遊ぼうと割って入ったり、いきなり抱き上げて別の場所へ連れて行ったりして、集中を絶ってしまうことはよく見られる。ホルメと敏感期が命令する活動を遮ることは子どもの体の中にある発達を邪魔することである。

　モンテッソーリ教育では、子どもの活動は自由選択によって決まり、その完了も本人の意思で決められる。しかも、教室の中に特定の活動の道具は1つずつしかない。たとえばお洗濯の活動をしたいのに、その道具がなかなか空かないと訴えてく

る子どもがいても、今まさに洗濯をしている子どもを急かしたり、代わってあげるよう促したりすることは決してない。「○○ちゃんが終わったらあなたの番なんじゃない？」と言って、待つことを促すのみである。「あなたがお洗濯しているときに誰かが代わってほしいと思ってても、『待ってる人がいるから代わってあげて』なんて絶対に言わないから安心してね」「誰も使ってないときなら、好きな時に好きなだけしていいのよ」などの声掛けを通して、活動している間はその人を邪魔することは誰にも許されないというルールを伝える。こうした経験がだんだんと増えるにしたがって、回りまわって自分も誰にも邪魔されないという相互に尊重し合うルールであることが、小さい子どもたちにも理解されていくのを待つ。

　時間的環境のもう1つの側面は、準備の時間や練習期間を十分にとることである。たとえば靴下をはくとかシャツを脱ぐなどは、丁寧にやり方を見せてもすぐにできるわけではない。今日できないからと言ってまだ早いと思わず、何日か続けてみて、できないところだけ少し助けてやりながら上達を待つ余裕が必要である。

　また、今日これからの予定、明日の予定などのプランを事前に予告して共有しておくことも、小さい子どもの心の準備に役立つものである。たとえば、今日はスーパーに行ってきゅうりとりんごを買って、その次に郵便局に行ってお手紙を出して、そのあと、公園で少し遊んで帰って来ようね、などとその日の予定を伝えておき、そのとおりに行動する練習を数日から数週間続けると、予定どおりであることの気持ち良さが理解でき、協力を引き出す練習にもなる。

Ⅲ　実例

　子どもが整備された環境の中で何を選ぶかは、その子どもの中にある興味の範囲が決める。一方、その仕事にどれほど集中するかは、その道具の物理的な適正さ（サイズや重さ）と道具の操作上の難易度が決めると言ってよい。道具が子どもの扱える範囲を超えていれば、不必要な失敗が増えて子どものやる気は失われる。逆に、作業自体が簡単でステップも少ないものであれば、子どもはすぐに飽きてしまう。ちょうどよい難しさ、ちょうどよい複雑さを用意するためには1人ひとりの子どもの興味と能力の範囲を日頃からよく観察し、的確につかんでおく必要がある。

第2章 2歳児の自立——モンテッソーリ教育場面からの一報告　　29

写真2-5　窓に霧を吹きかける2歳児　　写真2-6　スクイジーで窓を拭く2歳児

1　窓ふき

　窓ふきの仕事は2歳児のお気に入りである。目的がはっきりしていて、難易度は高くなく、水を使えること、窓に向かって霧吹きすること、スクイジーなど珍しい道具を使わせてもらえることなど、魅せられる要素が満載だからである。
　まずエプロンをつけ、仕事道具を持って窓の外へ出る。仕事の道具は、小さなスプレーボトルとスポンジ、小さなスクイジーと雑巾（2歳用ミトン型）である。窓を閉め、好きなように水を吹きかけ（写真2-5）、スポンジやスクイジーを使って窓ガラスの掃除をする（写真2-6）。終了するときには、床などにこぼれた水は自分で拭いてから部屋に入り、道具を所定の位置に片付ける。

2　花を生ける

　生け花は難度の高い仕事である。ベランダで花を切って来るためには、はさみをある程度自由に使えることが求められる。また、花瓶にうまく水を注ぐためには目と手の協応や手首の柔らかさ、じょうごを持つ手の確かさと、じょうごの口と花瓶の水位の両方を注意深く見る目も必要である（写真2-7）。
　道具は、花を切ってくるはさみの

写真2-7　花瓶に水を注ぐ2歳児

写真2-8 摘んできた花を花瓶に生ける 2歳児　写真2-9 2歳児がかざった小さな生け花

入ったかご、水を汲んでくる小さなガラスの水差し、小さい花瓶と花瓶敷（複数ある中から自分で選ぶ）、小さいじょうご、こぼれた水を拭くスポンジである。すべてが1つのお盆の上に載った状態で子ども用の棚に用意してある。生け終わった花は自分で置き場所を決め、花瓶敷を敷いてから飾り（写真2-8、2-9）、余った水やこぼれた水の始末をして、道具を棚に返す。

結語

　モンテッソーリの環境では、自由選択が基本である。ただし、その自由には必ず責任が伴うことを小さいときから体験的に経験させる。たとえば、好きなだけ水仕事をしていいけれども、床にこぼれた水は自分で拭いて始末するとか、庭の野菜や花を好きに収穫していいけれども、自分では食べなかったりそのまま放置するのはよくないことを伝え、食べきれないほどにとっていいかどうかを考えさせたり、採った野菜を洗ったり切ったりして他の子どもたちにふるまうなどの責任を体験させる。生けた花にも翌日以降の水替えの仕事などがついてくる。自由と責任はひとつながりだという体験である。

　人間は何歳であっても社会的な存在である。どんなときも、自分と社会との間の経験の中で、自分にできる精一杯を出しながら人と協力して生きている。つまり、生涯をかけて自立と共生を達成しているのである。本章で紹介したとおり、基礎的な自立の欲求は実に新生児のうちに始まっている。その発達の姿は、人間が人間と

第2章 2歳児の自立——モンテッソーリ教育場面からの一報告 31

いう生き物として始まって以来、いつも、1人ひとりの体の中に生まれながらにプログラムされていたものの開花であり、それを正しく理解して観察し、決して邪魔しないことが重要である。

　大人が考え抜いた環境の中で、子どもが欲する活動が正しい難易度で提供されたとき、子どもは驚くほどの集中力でその活動に結び付けられる。来る日も来る日も繰り返していたかと思うと、ある日からぱったりとその活動から離れることもある。本人が納得するまで上達できたときであることが多い。

　モンテッソーリが1907年に最初に開いた子どもの家で出会ったある子どもについて紹介しよう。その子どもは3歳くらいの女の子で、はめ込み円柱と呼ばれる視覚を使った活動[3]に惹き込まれ、同じ作業を何度も何度も繰り返し行っていた。モンテッソーリは回数を数えはじめるとともに、この集中がどれくらい深いものか知りたくなった。そこで、ほかの子どもたちを集めて歌を歌わせてみたが彼女の活動は止まらなかった。次にモンテッソーリは、女の子を、座っていた肘掛椅子ごとそっと持ち上げて机の上に置いた。女の子は持ち上げられるとき、机の上に置いていた円柱を急いでかき集めて自分の膝に移し、それでも作業を続けた。モンテッソーリが数えはじめてから実に42回続いた繰り返しを終えたとき、彼女は夢から覚めたように満足そうに微笑んだという[3]。

　幼児期はただ楽しく仲良く遊んでいればいいのではない。心理的胎児期になされるべき心と体の発達は壮大である。本章で例示したのは、モンテッソーリの理論の中のほんの一部であるが、環境を整え自由と自立を可能にする大人の導きと時間の許容を満たしてやれば、ほんの2歳の小さな子どもでも意味のある活動に生き生きと取り組み、彼らなりの完成度で自立的に社会（生活）に貢献しようとする。そのような子どもの活動を引き出す方法を確立した点でモンテッソーリの理論と教育方法は秀逸である。

　子どもは、文化の継承と発展の責任を担っている。現代はテクノロジーの発達がめざましく、人間が具体的に手を動かして作業をしなくても、たとえばお金を出せばいつでも手軽にできあいの衣服や食事を買えたり、決められたボタンを順次押していくだけで洗濯も掃除もできてしまったりする世の中である。このことが、次代を生きる子どもたちの未来の生活力、発想力、計画力、倫理観などをどのように制限していくのか、うすうすであれ気づいている人はどれくらいいるだろうか。テクノロジーが人間の退化につながらないために何をすべきかを考えることは、今を生

きる大人たちの責任なのかもしれない。手軽に便利にレジャー中心に暮らすことを、小さい子どもと生きている人たちだけでも考え直してほしい。

【注】

(1) ホルメ（Horme）はイギリスの教育学者ナン（Sir Percy Nunn, 1870-1944）による概念[3]で、人を無意識に目的に向かわせる自然の衝動（原動力）として働く活発な心的エネルギーのことである。モンテッソーリによると、フロイト（Sigmund Freud, 1856-1939）によるリビドーや、フランスの哲学者ベルクソン（Henri Bergson, 1859-1941）によるエランヴィタール（Elan Vital、「生命の飛躍」と訳される）と似た概念で、命が自ら育とうとする衝動とされている[2]。

(2) Hugo de Vries（1848-1935）は、蝶の幼虫が光に敏感であることに注目し、その敏感さに導かれることで結果的に枝の先の方にある柔らかい若葉に辿り着く習性について述べた。

(3) 太さや長さが漸次的に異なる10本の円柱（それぞれ1センチメートルから5.5センチメートルまで5ミリメートル間隔で増減する）を、それがちょうど収まるようにくり抜かれた穴にはめ込んでいく活動である。

【引用文献】

[1] Montessori, M.（1938）*The Secret of Childhood*, Orient BlackSwan Private Ltd., New Delhi, India.
[2] Montessori, M.（1949）*The Absorbent Mind*, Kalakashetra Publications, Madras, India.
[3] Nunn, P. T.（1923）*An Outline of Psychology*, London.

第3章　中学生の不適応に至るまでのプロセスと支援方法

鈴木 美樹江

I　学校場面におけるメンタルヘルス活動の現状

　近年、学校現場では心理的問題に早期に対応するために、予防的活動が実施されている[1]。

　予防的活動は公衆衛生学の分野では3段階に分けられ、1次予防として一般の人々に対して介入すること、2次予防として問題が早期の者に介入すること、3次予防としてすでに障害や問題が生じている者がより重篤となるのを抑える介入として分類されている[2]。米国医学研究所においては、この問題や障害が生じる前段階の1次予防と2次予防の重要性を述べている。ここでいう2次予防が1次予防と大きく異なる点としては、スクリーニングや評価を用いることにより、不適応となるリスクの高い生徒や初期段階にある生徒に介入する点である[3]。

　2次予防プログラムは学校場面でも実施されているが、とくに有名なプログラムとして Cowen [4] の Primary Mental Health Project（PMHP）がある。PMHPでは、深刻な情緒的問題が生じるリスクの高い生徒を査定するためにスクリーニング調査を行い、学校場面での早期発見・対処を実施し、効果を示している。この他にも米国では多くの2次予防プログラムが実施されており、援助を受けていない生徒より受けた生徒の方が、より心理的発達が認められたとの報告もある[3]。

　日本においても、石隈[5] が心理教育援助サービスとして「一人ひとりの子どもが学習面、心理・社会面、進路面、健康面などにおける問題状況を解決するのを援助し、子どもが成長するのを促進する教育活動」を提唱し、3段階に分類している。そのなかでも二次的援助サービスについては「心理面に問題を持ち始めた児童生徒や、これから問題を持つことが心配される児童生徒を援助すること」と述べている。二次的援助サービスについては、八並・細見[6] が学級担任教諭・生徒指導担当教諭・教科担当教諭・部活顧問教諭から構成されるスチューデントサポートチー

ム (SST) を結成して、二次的援助サービスを必要とする生徒に対して学習面・情緒面・社会面の援助を実施した結果、とくに情緒面に関して教育効果があったことを指摘している。また三浦[7]はストレスに関するチェックリストを実施した結果をもとに、中学校教諭が不登校感情得点の高い生徒に対して働きかけを行った結果、不登校感情などの得点が低下したと報告している。

このように2次予防においては、登校しているものの、学校不適応感や学校回避感情を抱える「グレーゾーン」の子どもをいかに早期に発見し、対応するかが重要である。そしてグレーゾーンの生徒を早期に発見し理解するためには、チェックリストの重要性が指摘されており[8]、現在多くの学校適応尺度等が開発されている[9]。実際に、学校適応尺度の一つである学校生活満足度尺度の結果と欠席行動との関連について検討を行った調査では、学校生活不満足が高い生徒は有意に欠席行動が多かったことが指摘されている[10]。また、鈴木・森田[9]は、不適応に至るまでのプロセスに着目した学校不適応感尺度を開発している。このように、自己記入式のチェックリストを導入することにより、不登校予備群の生徒を早期に発見することが可能となると考えられる。

一方、不適応状態となる生徒の中には、本人の自覚が乏しいケースも見られる。とくに、不登校生徒のなかには、過剰適応により不適応状態となっているケースも報告されている。この過剰適応生徒については自分自身の本音に気づけていない点や、本当の自分の感情を認識できていない点が特徴である[11]。その結果、過剰適応生徒は一見学校適応が保たれているように見えながら、その陰でストレスが蓄積されており、学校不適応に至るリスクを抱えていることを自覚していない場合も多い[12]。逆に非行傾向生徒においては、外的（社会）適応は不良なのに、内的には不満や苦悩を持っていない場合もある[11]。この背景としては、非行生徒は思春期に経験する学校や家庭、あるいは自分自身との葛藤を悩みとして抱えずに、不適切な行動により表現する点がある[13]。このように本人の認識の乏しさがある場合には、周りが継続的に学校生活を見ていく中で、些細な様子の変化を察知する必要があり、日頃の学校生活の様子を把握できる中学校教諭がこの役割を担っていると考えられる。

実際に日本では、教諭が二次的援助サービスにおいても役割ヘルパーとして中心的役割を果たしているとされる[5]。また、教諭のサポートが生徒のストレス軽減に効果的であること[14]や、特定の生徒の孤立を回避するためには教諭の援助が必

要であること[15]も指摘されている。

このように、日本では教諭が生徒の日々の学校生活の変化に鑑みながら、そのサインに気がつき、早期に援助していくことにより、2次予防の役割を担っていると考えられる。しかし、この教諭が察知するという点に関しては、教諭の経験や感性による賜物である場合も多く、実際に教諭が生徒のどのようなサインを心理的支援の必要性についての認識につなげているかについて調査した研究はほとんど見られない。

今後、心理的支援が必要な生徒を早期に発見し、支援していくためには①現場で日常の生徒達を見ている中学校教諭はどのような生徒を心理的支援が必要であると思っているのか。②また中学校教諭は心理的支援が必要であると思っている生徒のサインとしてはどのような点からそう思っているのか。③中学校教諭からみて心の支援が必要となる生徒はどういう経過をたどっているのか等を明らかにすることが必要と考えられる。

そこで、本章は「心理的支援が必要である生徒」について、「教諭から見た気になる生徒」の視点に着目し、「中学校教諭はどのような問題、行動、状態にある生徒を心理的支援が必要であるというサインとして捉えているか」を探索的に探ることを目的とする。さらに、生徒が心理的支援を必要とするに至るまでの経緯についても検討し、予防的観点からも早期対応の可能性を探る。これらを通して、わが国の学校場面における2次予防機能における方向性についても検討することを試みる。

Ⅱ 非行傾向生徒と不登校傾向生徒の特徴とサイン

1 調査の概要

調査対象：A中学校の教諭10名と、B中学校の教諭13名を対象として、計23名を選定した。

データ収集と手続き：データ収集とカテゴリーの修正・精緻化のための資料収集を目的として、半構造化面接を実施した。2009年5月～7月にA中学校教諭10名、2009年6月～7月にB中学校教諭13名の計23名の協力を得て、1対1で行った。面接においては、以下のインタビューガイドを用いた。(a) 今までの教育経験のなかでどのような生徒について心理的支援が必要だと思ったか。(b) 心理的支援が必要だと思った生徒の行動特徴、スキル、性格、友人関係、授業態

表 3-1 逐語録の分析手続き

ステップ	分析	蓄積データ数	手続き
0	予備的分析	3	分析テーマの設定、データ収集および分析法チェック
1	概念化(不登校傾向)	9	不登校生徒のサインと過程と背景を踏まえ、抽象的な概念へ変換
2	概念化(非行傾向)	15	非行生徒のサインと過程と背景を踏まえ、抽象的な概念へ変換
3	カテゴリーへの統合(両概念含め)	18	不登校生徒と非行生徒の両概念を含めて、カテゴリーへと再統合
4	カテゴリーの修正・検証	20	新規事例へのカテゴリー適用、カテゴリーの修正と更なる統合
5	確認的分析	23	新規事例へのカテゴリー適用、最終的なカテゴリー選択

(出所) 原田(2004)を参考にして筆者作成

度、学校生活態度、家庭環境はどうであったか。(c) 生徒が心理的支援を必要となるまでの経緯や生徒から出されていたサインは何かあったか。(d) 心理的支援が必要な生徒を理解するために必要に応じて関連のある事例についても訊ねることとした。

分析方法：本調査では、従来の仮説検証型の量的研究ではなく、仮説生成型の質的研究を採用した。また、分析方法においては、面接調査に適しており、また質的研究の中でも手続き方法が体系化されているグランデッド・セオリー法[16](以下、GTA)を採用した。主な分析の手続きの概要を表3-1に図示した。

2　不登校生徒と非行生徒の共通な特徴から見えてくるもの

ステップ1とステップ2の結果をもとに両者に共通のサインは以下である。

まず、共通に生成された概念としては〔食生活の乱れ〕という特徴がある。先行研究においても不登校生徒の多くが不規則な食生活を送っている[17]ことや、非行生徒と一般生徒の食生活の相違[18]についても検討されている。

本調査でも「家庭的にも不安定で色んな心配を抱えていると、食べるのは面倒くさいという子もいた」とのデータが示すように、心理的負荷がかかっているために食欲が減退している可能性が考えられる。その一方で、そもそも食事が家庭で用意されていないがゆえに、食生活が必然的に乱れている場合もあることが示された。このように、〔食生活の乱れ〕のサインが認められる場合には、まず食事が家庭で用意されているか否か、そして用意されているとしたならば、何らかの心理的負荷が生徒にかかっていないかなどについても考慮していく必要があるであろう。

また、〔睡眠不足〕については不登校傾向の生徒及び非行傾向の生徒ともに共通

に生成された概念である。ただ、その背景が不登校傾向生徒と非行傾向生徒においては、異なる。不登校傾向の生徒においては、インターネットの世界に没頭しているため眠れないという場合や、色々考え過ぎて眠れないという側面がある[19]。一方、非行傾向生徒においては、夜遊びをしていて睡眠が足りなくなるとの結果が示された[19]。このように、コミットメントする対象が不登校傾向生徒ではバーチャルな世界もしくは間接的な関係であるのに対して、非行傾向生徒は学外の生徒も含めた直接的な交友関係に求める点に差異が認められる。ただ、共通して考えられるのは、学外の場面で、個人的なつながりを求め、それに没頭している点であることが示唆された。

続いて〔学力不振〕も共通に生成された概念である。従来より不登校生徒の成績は平均以上高く、非行生徒においては学業成績は下位に属している[20]と指摘されていた。しかし、本調査では不登校傾向生徒においても成績不振の概念が生成された。その背景としては、「本当はもっと良い成績が取れる子なのに下がった子も気になるな」とのデータにもあるように、本来は力があるのに出しきれていない場合や、急激に成績が落ちた生徒においても何らかのサインを出している可能性が示唆された。また、学業不振により学校で認められているという機会の一つが減ることが、学校への適応の困難さにつながっていることが考えられる。

続いて、〔発達障害〕も共通に生成された概念である。先行研究においても不登校と発達障害との関連[21]や非行と発達障害との関連[22]については数多く調査されてきている。この点に関しては、本調査結果でも「ただ単にやんちゃな子だと思っていたら、障害だったとかだと、いくらこっちが何やっても改善されないので。原因が分かればこっちの接し方も変わってくる」とのデータを鑑みるに、中学校教諭の障害への理解が深まってきていることが背景として考えられる。

また、〔両親の過剰な期待〕も共通に生成された概念である。それ以外においても〔両親の関心の薄さ〕〔両親の放任的態度〕〔両親の責任放棄〕〔両親からの愛情不足〕など、両親や家族に関する状態を説明する概念が生成されていた。先行研究においても、同様に不登校生徒と過保護で過干渉な両親との関係[23]や非行生徒と家庭不和[24]など数多くの家族問題との関連について言及されている。そのため、両親との関係や家庭状況をある程度把握していくことが予防につながると考えられる。

一方、新たな知見としては、〔表情の暗さ〕〔視線が下がる〕〔目線を逸らす〕〔攻

撃的な目つき〕など視線や表情に関しての概念も共通に生成された。「いつもと雰囲気が違うとか……という所ですよね。ちょっと暗い雰囲気だったり、いつも一緒にいる子と一緒にいなかったり、いつも元気にしている子がおとなしかったり」と示すように、いつもとの雰囲気の変化が心の状況の変化を表している可能性も考えられた。また「目をそらすのは単純に心の問題と言うだけではなくて、何か言いたげというか、私との関係が良くないときもそうでしたし」とのデータが示すように、教師との関係性を表現している場合も考えられる。このように、視線や表情などの雰囲気により、心の状況や周囲との関係性などのサインが表現されていることが考えられ、より早期の合図として重要である可能性が示唆された。

最後に、〔ヘルパーの存在のなさ〕も共通に生成された概念である。不登校傾向生徒の場合、何かに悩んでいるとしても、誰にも悩んでいることを話さずに抱え込んでしまっている場合が考えられた。また、非行傾向生徒においても、友達や教諭など誰か歯止めをかける存在がいることによって、問題を起こさずに、乗り越えられるケースがある。さらに「手助けを求められなくても、周りが気付いて先に手を差し伸べる人が周りに居れば、それによって乗り越えられる」とのデータが示すように、ヘルパーの存在の有無により、予防することが可能な場合も示唆され、信頼できる人との出会いと支えが重要な役割を果たす場合もあるのではないだろうか。とくに不登校傾向生徒においては〔悩みの話せなさ〕〔悩みの忘れなさ〕の概念が生成されていることから、悩みがあっても誰にも話せず自分のなかで大きくなっていき、抱え込んでいく可能性が考える。そのため、問題が生じる前から、いかに話せる友人や教諭、スクールカウンセラー（以下、SC）とつながっていくかが重要であることが示唆された。

Ⅲ 心理的支援が必要となるまでのプロセス
1 心理的支援が必要な生徒の特徴

最終的に生成された概念は81個、下位カテゴリーが32個、上位カテゴリーが12個、プロセスが4個となった（表3-2）。またこれらの一連のプロセスを（図3-1）に図示することとした。

まず、そもそも教諭からみた心理的支援が必要な生徒とはどのような生徒なのかについて、考察をしていく。心理的問題は、「引き込もりになる子、親などの大人に反発して夜の世界に出て行く子そのどちらかなんですよ」とのデータにもあるよ

表3-2 プロセス、カテゴリー、概念一覧

プロセス	上位カテゴリー	下位カテゴリー	下位カテゴリーの定義	概念
リスク要因	個人内要因	性格	敏感で真面目すぎて一人考え込んでしまう性格や自分(の欲求)を押し通す性格など自分と環境との狭間で負担がかかりやすい性格	神経質な性格
				内にこもる性格
				わがままな性格
		病気	心の病を発症していた場合	精神病
				神経症
				鬱症状
		障害	発達障害、もしくは何らかの障害スペクトラムが背景となり、学校場面に適応できない状況	発達障害
				障害と気付かれていない
		学力面での不安	学力に自信が持てないことによって、学校生活で苦慮したり、受験の時期にストレスの負荷がかかりやすい状態	進学面でのプレッシャー
				学力不振
	家庭要因	両親の愛情のかけ方	両親からの愛情の不足や関心の薄さといった愛情の欠如した状態や、逆に両親の期待がプレッシャーとなる等の偏った愛情のあり方	両親からの愛情不足
				両親の関心の薄さ
				両親の過剰な期待
		粗暴な家庭環境	両親が規範意識や責任感など集団生活で必要な知識について教える機会が少なかった家庭環境	両親の放任的態度
				両親の責任放棄
		家庭環境の揺らぎ	両親の関係性が不安定であったり、今まであった家族の構成に揺らぎがある状態	歪な家庭環境
				複雑な家庭環境
	地域要因	地域との関連	地域がもつ教育風土や学校との連携合い、子どもたちがどのようなことを経験していく地域環境かを含めた特性	地域性
				地域との連携不足
				経験の少なさ
学校と個人間における調整問題	自己制御力の不足	感情コントロール不足	嫌な思いを整理したり、自己を理解したうえで自分の感情をコントロールする力の弱さ	悩みの忘れなさ
				流されやすさ
				精神的自立の難しさ
		不適切な行動化	欲求不満状態になった時に、我慢できずに周りを巻き込んで不適応行為をすること	欲求の昇華できなさ
				忍耐力のなさ
				周りを巻き込む
	社会的スキルの不足	想像力の弱さ	相手の気持ちを配慮して行動したり、見通す力が弱いため孤立する可能性がある状態	想像力の弱さ
				相手を不快な気持ちにする
		アサーションスキルの不足	言語表現により自分の意思を伝えることが苦手であるために、ストレスが溜まりやすい状態	言語能力の不足
				主張のできなさ
		対人関係スキルの不足	人との関係を開始、維持するために臨機応変に対応することができる力の不足	コミュニケーション能力のなさ
				関係開始能力の弱さ
				関係維持能力の弱さ
				友人関係の応対不足
				自己解決能力の不足
	被受容体験の少なさ	自己存在意義の不安定さ	自己価値が不安定であり、自分を認め、構って欲しいという行動を取ることにより、自分を確かめようとしている状態	認められたい気持ちの強さ
				構って欲しさ
				リストカット
		肯定体験の少なさ	部活なども含めた学校生活の場において活躍することができていない状態	部活へのコミットメントできなさ
				活躍の場のなさ
	信頼関係の不足	友人関係のつながりの弱さ	友人との関わりが狭く、他の子とも深く交流をしないことにより、孤立する可能性が高い状態	友人関係の狭さ
				孤立した状態
				人と深く交流しない
				グループに溶け込めない
		友人関係の敏感さ	些細な一言に反応し、友人との関係に敏感になりすぎて、問題が生じやすい状態	些細な一言への反応
				周りの反応を心配する
		精神的支えの不足	誰にも話すことができなくて、一人で抱えこむことにより、困難な状態となりやすい状態	悩みの話せなさ
				教諭との関係性
				ヘルパーの存在のなさ

表3-2　プロセス、カテゴリー、概念一覧（続き）

プロセス	上位カテゴリー	下位カテゴリー	下位カテゴリーの定義	概念
不適応傾向を表すサイン	規則の守れなさ	反抗的な態度	ストレスの蓄積や、怒りの感情が表現されている状態	攻撃的な目つき
				教諭への反抗
				言葉遣いの荒れ
		校則違反	周りの関心を惹きつけたいとの思いの表れ	飴ガムの持参
				身なりの乱れ
				髪型の乱れ
				過剰なおしゃれ
	対人態度の不自然さ	表情の変化	心の状況や周囲との関係性、体調を表す様子	表情の暗さ
				視線が下がる
				目線を逸らす
				会話の変化
		自己主義	相手の気持ちを推し量るだけの精神的余裕や力がないため生じる状態	自己中心的な言動
		落ち着きのなさ	精神的な不安定さによりミスが増えたり、他の子にもちょっかいを出す状態	ちょっかいを出す
				注意散漫
	学校生活への集中困難さ	授業態度の変化	心理的な不安により授業に集中できないなど、エネルギーが授業に向けられない状態	課題への怠惰な姿勢
				提出物の出せなさ
				授業態度の悪さ
		基本的生活習慣の乱れ	睡眠や食生活の乱れによる生活習慣が変化している状態	睡眠不足
				食生活の乱れ
		学校活動への参加減少	日常生活で苦慮していることがあり、それを表現できないでいることにより学校へ意欲的に参加できない状態	部活への不参加
				遅刻・早退
不適応状態を表す反応	内在化問題	身体化	悩みがある時に、それを表現しきれておらず身体不調で表現される状態	身体的不調
		不安	心理的圧力があることにより、いつもよりも余裕がない状態や、不安定な様子	不安感
				情緒不安定
		無気力	やることに意味を見出せなかったり、やらないことで何らかの気持ちを表現している状態	無気力
	外在化問題	暴力行為	怒りや思いを暴力行為により代償している状態	家庭内暴力
				暴力行為
		触法行為	自分を誇示するためや、同じ仲間の一員として認めてもらうための法外な手段	万引き・恐喝
				飲酒
				タバコ
		学校外の世界への没入	学校内での居場所がなくなり、自分を受け入れてくれる外の世界にのめり込んでいく状況	他校とのつながり
				夜遊び

うに、学校場面という枠組みの中では、不登校傾向・非行傾向という形で表面化していく過程をたどることが多い。〈不適応状態を表す反応〉のプロセスにおいても、【内在化問題】【外在化問題】のカテゴリーが生成されている。内在化問題は不安や恐怖、抑うつなど個人内の問題として捉えられ不登校や引きこもりなどと関連がある一方、外在化問題は行動をコントロールできず、周りに影響を与え問題となるため非行や暴力などとの関連が指摘される[25]。つまり、内在化問題や外在化問題が生じている場合、不登校・非行へと移行する、もしくは移行している可能性を示唆していると考えられる。

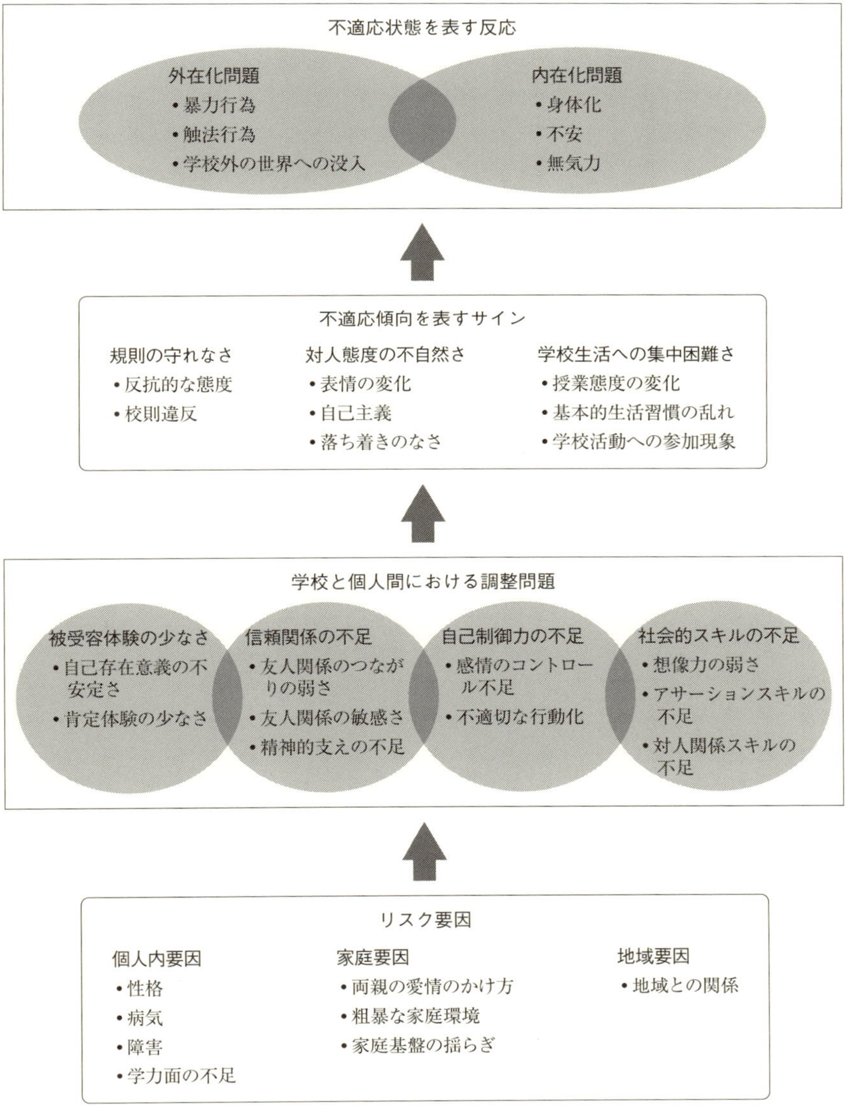

第3章　中学生の不適応に至るまでのプロセスと支援方法　　41

不適応状態を表す反応

外在化問題
- 暴力行為
- 触法行為
- 学校外の世界への没入

内在化問題
- 身体化
- 不安
- 無気力

不適応傾向を表すサイン

規則の守れなさ
- 反抗的な態度
- 校則違反

対人態度の不自然さ
- 表情の変化
- 自己主義
- 落ち着きのなさ

学校生活への集中困難さ
- 授業態度の変化
- 基本的生活習慣の乱れ
- 学校活動への参加現象

学校と個人間における調整問題

被受容体験の少なさ
- 自己存在意義の不安定さ
- 肯定体験の少なさ

信頼関係の不足
- 友人関係のつながりの弱さ
- 友人関係の敏感さ
- 精神的支えの不足

自己制御力の不足
- 感情のコントロール不足
- 不適切な行動化

社会的スキルの不足
- 想像力の弱さ
- アサーションスキルの不足
- 対人関係スキルの不足

リスク要因

個人内要因
- 性格
- 病気
- 障害
- 学力面の不足

家庭要因
- 両親の愛情のかけ方
- 粗暴な家庭環境
- 家庭基盤の揺らぎ

地域要因
- 地域との関係

図3-1　心理的支援が必要となるまでのプロセス図

しかし、内在化問題も外在化問題も完全に分離した問題とも言えず、本調査データにおいても不登校傾向の生徒が、非行に移行する例が挙げられていた。また、近年非行か不登校（狭義の登校拒否）どちらであるか区別しきれないケースが増加しているとの指摘もある[26]。これは、内在化問題と外在化問題とは相関の関係があるとの先行研究[27]を実践場面において支持する結果であるとも推察される。

以上の点を鑑みたとき、従来のように外在化問題、内在化問題という不適応行動の現れ方により対応の仕方を使い分けるだけではなく、不適応感を抱えている個人として認識する必要があると思われる。つまり、各個人の不適応感に合わせてその要因や背景をアセスメントして、関わっていく姿勢が重要である。以下、各生徒が不適応状態反応を示すまでのプロセスについて検討を行っていく。

2　心理的支援が必要となるまでの背景と経過

心理的支援が必要な生徒は、不適応状態の反応が学校場面で表現される前に、どのような背景や経過をたどっているのであろうか。まず〈リスク要因〉のプロセスとして、【個人内要因】【家庭要因】【地域要因】の3個の上位カテゴリーが生成された。従来より、両親との信頼関係と個人の心身発達の問題と不適応は関連があること[28]や、また地域の雰囲気や地域の人間関係が不適応状態と関連あること[29]は指摘されてきていた。そのため、リスク要因が高い生徒においては何らかの早期の介入が必要であるが、学校場面では家庭への介入や病気への介入には限界があるとのデータもあったように、リスク要因に本格的に介入するには制限がある可能性が示唆された。

一方で、〈学校と個人間における調整問題〉のプロセスでは、学校側が生徒の不適応状態に直接的に介入できる概念、カテゴリーが統合された。上位カテゴリーとしては【被受容体験の少なさ】【信頼関係の不足】【自己制御力の不足】【社会的スキルの不足】である。従来、適応においては、大きく2つの定義の捉え方がある[30]。ひとつは、適応を環境と個人の関係が調和した状態[31]として定義づけられているように、環境と個人とを並列に捉えた概念である。この場合、不適応状態とは、環境と個人の関係性に葛藤がある状態とされる[32]。本調査では【被受容体験の少なさ】や【信頼関係の不足】といった上位カテゴリーが生成された点を鑑みるに、教諭からみて生徒が学校場面で葛藤がある状態とは、生徒の活躍の場がなく、自分を認めて欲しい気持ちが満たされていない状態だと認識していることが示

第3章 中学生の不適応に至るまでのプロセスと支援方法　　　43

唆された。その一方で、もうひとつ適応の定義としては、内的欲求と環境との間により調和的な関係を作り出そうとして、自ら行動を変えていく過程[33]といった能動的な定義も見られる。本調査では、【自己制御力の不足】や【社会的スキルの不足】といった上位カテゴリーも生成され、教諭からみて生徒が学校に調和するための力が不足している状態とは、社会的スキルや自己制御力などが未熟な状態であることが推測された。

3　学校場面で表現される心理的サイン

　上記で示唆されたような学校との調整過程に問題が生じている生徒は、どのような心理的サインを表現しているのであろうか。本調査においては〈不適応傾向を表すサイン〉のプロセスとして【規則の守れなさ】【対人態度の不自然さ】【学校生活への集中困難さ】の上位カテゴリーが生成されている。【規則の守れなさ】においては、表3-2の下位概念の定義に示されているように、周りの関心を惹きつけたいとの思いや、ストレスの蓄積や、怒りの感情が背景にあることが示唆された。つまり、構って欲しい気持ちやストレスや怒りなどの感情を処理できないために、規則を破るという代償行動で表現することによって、無意識的に心理的サインを発しているとも考えられる。また、【学校生活への集中困難さ】においても、表3-2の下位概念の定義が示すように、心理的な不安により授業に集中できないことや、生活習慣が乱れることにより、学校活動に意欲的に参加できない状態が考えられる。【対人態度の不自然さ】においても、相手の気持ちを推し量るだけの精神的余裕がなく、表情もいつもと異なり、ミスが増える傾向が示唆された。このように、学校場面ではともすれば、不真面目と認識されやすい言動においても、その背景には生徒の心理的問題を表現しているサインである場合も推測される。そのため、生徒に関わる大人としては、上記の生徒の言動や様子が意味するものは、単に生徒のわがままによるものなのか、それともそうせざるをえない心理的背景があるのかについて考慮していく必要性が示唆された。

　これらの結果を一連のプロセスとして見た時、とくにリスク要因を持つ生徒においては、社会的スキルや自己制御力が不足したり、学校場面での信頼関係の希薄さや受容されている感覚の乏しさが問題となる可能性が窺えた。また、これらの個人と学校との調整過程に問題がある状態は、規則を違反したり、態度が不自然となったり、学校生活に集中できないなどの反応を通して心理的SOSを表現し、さらに

問題が深化すると不適応反応（外在化問題・内在化問題）に発展する可能性が推察された。

Ⅳ　まとめ

　本調査においては、心の支援が必要に至るまでのプロセスについて検討をした。その結果、〈リスク要因〉から〈不適応状態を表す反応〉までの一連の過程について明らかになった。
　これにより、生徒が〈不適応状態を表す反応〉や〈不適応傾向を表すサイン〉を表現したときには、信頼関係を構築することや生徒が受容されていると感じる環境作りを早急に行う必要があることが示唆された。森岡[34]は教諭をはじめとした生徒に関わる大人が、生徒のサインを受け取ったということを伝えると同時に、生徒の言葉にじっくり耳を傾けることの重要性を指摘している。とくに自分を認識することが難しい過剰適応生徒や非行傾向生徒においては、心理的負荷の受け負いきれない状態を些細な様子の変化や問題行動で表現するとの視点から捉え、まずは教諭やスクールカウンセラーが生徒の状態を映す鏡役となり、対応していくことが有効ではないだろうか。同時に、本人が周りに受容されていないと感じる背景についてもアセスメントして、社会的スキル・自己制御力などのスキルで補うことができる側面はコンピテンス向上のためのプログラムを実施したり、個別的援助を行うことによりスキルを強化していく体制作りが必要である。
　従来、適応とは個人が環境から強化を受けるように行動を修正していくという観点から捉えられていた[33]。しかし、環境側からも個人が調和していくように働きかけるといった側面も今後更に重要になってくると考えられる。つまり、子どもの発達を待つだけではなく、例えば不適切な言動をSOSのサインという認識のもとに周りの関係者がより積極的に関わっていくことの必要性が推察された。今後、学校関係者が早期に生徒の心理的なサインに気づき、生徒のスキルを伸ばし、受容していく環境を作り出していく視点がより一層期待される。

【注】
(1) ここで用いられる不登校と非行の分類については、非行行為や不良行為は見られない

が学校に登校できない生徒を不登校生徒とし、非行行為が前面に出ている生徒については非行生徒として示した。

【引用文献】
[1] Gottfredson, D. C., & Gottfredson, G. D. (2002) Quality of school-based prevention programs: Results from a national survey. *The Journal of Research in Crime and Delinquency*, 39, 3-35.
[2] Caplan, G. (1964) *Principles of preventive psychiatry*. London: Tavistock.
[3] Durlak, J. A. (1997) *Successful prevention programs for children and adolescents*. New York: Plenum Press.
[4] Cowen, E. L. (1980) The wooing of primary prevention. *American Journal of Community Psychology*, 8, 258-284.
[5] 石隈利紀 (1999)『学校心理学——教師・スクールカウンセラー・保護者のチームによる心理教育的援助サービス』誠信書房
[6] 八並光俊・細見博文 (2001)「スチューデントサポートチームの教育効果に関する研究——中学校におけるシステマティックな二次的援助サービス体制」学校心理学研究 1 19-26.
[7] 三浦正江 (2006)「中学校におけるストレスチェックリストの活用と効果の検討」教育心理学研究 54 124-134.
[8] 相馬誠一 (1996)「学校教育相談の領域と限界」高橋史朗 (編)『新学力観を生かす学校教育相談』学事出版 50-56.
[9] 鈴木美樹江・森田智美 (2015)「不適応に至るまでのプロセスに着目した高校生版学校不適応感尺度開発」心理臨床学研究 32 (6) 711-715.
[10] 粕谷貴志・河村茂雄 (2002)「学校生活満足度を用いた学校不適応のアセスメント介入の視点——学校生活満足度と欠席行動どの関連および学校不適応の臨床像の検討」カウンセリング研究 35 116-123.
[11] 桑山久仁子 (2003)「外界への過剰適応に関する一考察——欲求不満場面における感情表現の仕方を手がかりにして」京都大学大学院教育学研究科紀要 49 481-493.
[12] 石津憲一郎・安保英勇 (2008)「中学生の過剰適応傾向が学校適応感とストレス反応に与える影響」教育心理学研究 56 23-31.
[13] 生島浩 (1999)『悩みを抱えられない少年たち』日本評論社
[14] 宮田智基・日高なぎさ・岡田弘司・田中英高・寺嶋繁典 (2003)「小児のストレス・マネジメントにおける基礎研究 (第1報)——小児におけるストレス反応とストレス軽減要因との関係」心身医学 43 129-135.
[15] 平田乃美・菅野純・小泉英二 (1999)「不登校中学生の学校環境認知の特性について」カウンセリング研究 32 124-133.

［16］木下康仁（1999）『グラウンデッド・セオリー・アプローチ——質的実証研究の再生』弘文堂

［17］加曽利岳美（2005）「中学生の抑うつ傾向及び学校不適応傾向と食行動の関連」心理臨床学研究　23　350-360.

［18］湯谷優（1986）「一般少年と非行少年の食生活に関する比較研究」青少年問題　33（8）　44-47.

［19］鈴木美樹江（2010）「中学校教諭から見た心の支援が必要な生徒の特徴——不登校傾向と非行傾向生徒の特徴の比較」金城学院大学大学院人間生活学研究科論集　10　47-58.

［20］神保信一・石井明（1985）『中学校・学校拒否指導事例集』教育出版

［21］岡田之恵（2009）「不登校と特別支援教育」愛知教育大学教育実践総合センター紀要　12　1-9.

［22］藤川洋子（2009）「発達障害と少年非行」障害者問題研究　37（1）　39-45.

［23］鑪幹八郎（1963）「学校恐怖の研究（Ⅰ）症状形成に関する分析的考察」児童青年精医と近接領域　4（4）　221-235.

［24］速水洋（1989）「〈非行の一般化〉論再考」犯罪社会学研究　14　109-128.

［25］藤岡淳子（2001）『非行少年の加害と被害——非行心理臨床の現場から』誠信書房

［26］滝川一廣（1994）『家庭のなかの子ども学校のなかの子ども』岩波書店

［27］Gjone, H., & Stevenson, J.（1997）The association between internalizing and externalizing behavior in childhood and early adolescence: Genetic or environmental common influences? *Journal of Abnormal Child Psychology,* 25, 277-286.

［28］酒井厚・菅原ますみ・眞榮城和美・菅原健介・北村俊則（2002）「中学生の親および親友との信頼関係と学校適応」教育心理学研究　50　12-22.

［29］小林寿一（2003）「我が国の地域社会における非行統制機能について」犯罪社会学研究　28　39-54.

［30］原田克巳・竹本伸一（2009）「学校適応の定義——児童・生徒が学校に適応するということ」金沢大学人間社会学域学校教育学類紀要　1　1-9.

［31］戸川幸男（1967）『適応と欲求』金子書房

［32］福島章（1989）『性格心理学新講座　第3巻　適応と不適応』金子書房

［33］大対香奈子・大竹恵子・松見淳子（2007）「学校適応アセスメントのための三水準モデル構築の試み」教育心理学研究　55　135-151.

［34］森岡由起子（1996）「児童・生徒の心のサインをキャッチする——子どもはなぜ自ら訴えないのか」教育と医学　44　321-326.

第4章　思春期に見られる不登校
——事例を通して考える

吉村　朋子

はじめに

　不登校の要因や背景としては、「本人・家庭・学校に関わる様々な要因が複雑に絡み合っている場合が多く、更にその背後には、社会における『学び場』としての学校の相対的な位置付けの変化、学校に対する保護者・児童生徒自身の意識の変化等、社会全体の変化の影響が少なからず存在している」と言われている[1]。学校でのいじめや友人トラブル、やる気がない、頑張りすぎて疲れた、学習についていけない、親からの虐待、家庭環境の変化など不登校の子どもたちが抱えている問題は多様かつ複雑で一人ひとりすべて異なっている。

　本章では、子どもの健全な「育ち」を支えるはずである家庭がうまく機能していなかったことが不登校の一つのきっかけとなったと考えられる2つの事例を挙げ、子どもたちがその中でどのように成長したかについて報告する。

　なお、事例については個人を特定できないよう事例の本質を変えない程度に修正を加えている。

I　事例
1　軽度発達障害を持つ中学生男子（A男）
（1）相談までの経緯

　A男は小学校4年生の3学期頃から学校を休む日が目立ち始め、6年生の3学期頃よりほとんど登校しなくなった。中学校に入学後も状態は変わらなかったため、担任より相談室を紹介され、筆者が担当することになった。初回は母親のみであったが、1週間後に母親とともにA男も来談した。

クライエント：A男（初回時：中学1年生）
主訴：学校に行けない　人の目が気になる

家族背景：父親（58歳）、母親（52歳）、姉（28歳）、姉（25歳）、姉（21歳）、姉（19歳）、兄（高2）、A男の8人家族である。上の姉2人は結婚して家を出ており、4番目の姉も県外にいることから、実際は両親と3番目の姉、兄の5人で生活していた。父親は50歳を過ぎてから病気で入退院を繰り返し、早期退職したため、母親と姉が家計を支えていた。父親は仕事一筋の人で、子どもたちに関心を示さず、子どもたちも父親とは距離を置き、必要以上に会話をすることはなかった。また、母親も父親に対しては不満や怒りを通りこしてあきれており、父親に何かを期待することもなく、夫婦でA男の問題について相談し合うことは一度もなかった。

生育歴：始歩は1歳、ことばも順調に発達し、健診等で問題とされることはなかった。3歳で保育園に入園。入園当初は、一人で部屋をグルグル回るなどの行動が見られ、年長の時に、「言葉の発音が悪い」と指摘され、相談機関で療育を勧められたが、「通うのが面倒」という母親の都合で通所には至らなかった。小学校入学後は発音や発達について心配されることはなかったが、A男は忘れ物が多く、友だちとも積極的に関わろうとする方ではなかった。

（2）面接の経過　〈　〉はカウンセラー（以下Co.）、「　」はクライエントの発話

なお、母親面接は子どもと同じCo.が担当し、A男のカウンセリングとは異なる日に、月に1回の頻度で並行して行った。面接は母親が今までの子育てを振り返り、今後のA男に対しての接し方を考え、A男をより理解できることを目標とした。

第1期　#1～#10（X年5月～X年7月）《カウンセリングに慣れるまで》

初めて会うA男は、小柄で色白で声変わりもまだ始まっておらず、中学1年生にしては幼く、緊張のせいか歩き方や表情も硬くぎこちなかった。Co.が〈緊張してる？〉と話しかけると「はじめは……する」とかぼそい声で答えた。初回は自分が好きなアニメ、ゲームの話をし、週に1回来談することを確認して終了した。Co.の問いかけに小さな声ではあるが、一生懸命応えようとしているA男の姿を見て、Co.はA男とゆっくり関係を作っていきたいと感じた。

2回目以降は、母親とは別の日に一人で来談した。面接はA男が自分から話すことはほとんどなく、Co.の問いにA男が答えることが多かった。50分の面接の内、ことばだけでのやり取りは15分程度で、残りの時間はオセロやトランプ、将

棋などの遊びをした。A男の緊張は遊びを通して少しずつほぐれていくようだった。特に、将棋はCo.が弱かったためA男がやり方を教えてくれたり、アドバイスをしてくれたりした。将棋に関しては必ずA男が勝つことができた。勝つとときたま笑顔がみられ、#8の終了後はスキップしながら帰るなど相談室に慣れてきた様子が窺われた。

①母親面接　#1〜#3（X年5月〜X年7月）《A男との関わり、育て方の振り返り》

　母親はA男の小さい頃の様子を聞いても覚えていないことが多々あり、「5番目に男の子が生まれて、もう子どもは5人目で最後と思った」「（6人目の）A男は予想外だった」「自分が育てた感じがしない」「孫みたいな感覚だった」「小学校の参観日も行ってない」などと、自分の子育てを振り返り、A男との関わりが少なかったことを語った。また、以前に園から指摘されていたこともあり発達障害ではないかと心配して、医療機関への受診を希望した。

第2期　#11〜#29（X年8月〜X+1年3月）《A男からの発信が増える》

　相談室に慣れるにつれて、A男の言葉数は多くなり、#12では将来について「仕事したくない」「ホームレスでもいい」「母はうるさい」「父はお酒飲むと怒ったりする。ああはなりたくない」「学校は行くだけでいいと言うけど、行けば次は勉強しろとか言うに決まっている」など両親に対する不満を口にするようになった。また、この頃声変りもした。更に、自分から「○○したい」と言い出せずにいるA男に対して〈自分でやりたいことを言ってもいいよ〉と促すとためらいながらも「トランプやりたいです」と自分で言うようになった。それをきっかけにA男から自分の好きな小説、アニメ、漫画などについて話すことが増えていった。#26では、人間関係について「小学校3年の時、友だちにいきなり泣かれた。先生にあやまるように言われて、あやまったけど、その子に『やだ』と言われて、何が何だかわからなかった」などと、人との関わりについて困惑したことや不安など自分の思いを言葉で話す場面も見られた。

②母親面接　#4〜#9（X年8月〜X+1年3月）《A男の変化とA男との向き合い》

　カウンセリングでA男が自分を表出し始めたように、家庭でも「A男が私に寄ってくるようになった気がします」とA男の変化が述べられた。また、医療機関で受けた心理検査の結果は、軽度の発達障害があり、コミュニケーションの苦手さを指摘された。それを受けて、「療育に連れて行っていればよかった（涙）」「私が悪かったのかな」と振り返った。母親が少しずつA男と向き合い始めているようで

あった。

第3期　#30〜#52（X＋1年4月〜X＋2年1月）《自分の気持ちを表すようになる》

　以前は質問しても「……う〜ん……」と言葉を濁していたA男だが、「（学校のように）人がたくさんいるところはムリ」（#30）、「（教室は）陰口とか言われそう（だから行きたくない）」（#35）、人が5人以上いることがストレスになることなど自分の気持ちをはっきり示すようになった（#49）。また、あまり周りの人間に興味のないA男だが、Co. が描いた漫画の絵がそのキャラクターに似ていなかったにもかかわらず「先生、上手だと思いますよ」と励ましてくれたり、「先生、どんなマンガが好きですか？」と聞いてくることが時々見られ、Co. との会話が徐々にスムーズになり、A男との距離が縮まる感じを受けた（#48）。

③母親面接　#10〜#16（X＋1年4月〜X＋2年2月）《A男の甘えに戸惑う》

　家でも自分の意思をはっきり言うことがあり、扱いにくくなってきたこと、母親にくっついてきて膝の上に乗ってくることなどが報告された。母親はA男の甘えに戸惑っているようであった。

第4期　#53〜#85（X＋2年3月〜X＋3年3月）《居場所を見つけ自信をつける》

　中学2年生も終わりに差し掛かり、高校についての話題が上がった時に、A男は、高校には進学したい旨を示した。今後のA男についてCo. が担任と相談し、それを受けて、Co. はA男に、カウンセリングを2年間続けてきて、1対1では緊張せずに自分の気持ちを話せるようになったA男の成長を伝え、高校進学も考えてそろそろ相談室以外にも行ける場所を増やしてはどうかと提案した。具体的に①フリースクール、②検査を受けた病院のデイケア、③保健室登校の3つの中で自分が行きやすい場所はどこなのか考えるように伝えた（#53）。この時、Co. の方が、A男に次のステップに向かって動きだして欲しいと焦っていた気持ちがあり、A男はそれに当惑し、答えを出せずにいるようであった。しかし、#55では、「霧、見ましたか？」と興奮した様子で、家のベランダから見た霧について話した。A男が興奮しながら話すことは初めてで、その様子を見ながら、ことばでA男に直接伝えることはなかったが、A男の不安な思いと力強さのようなものを感じ、Co. は改めてA男が自ら動き出すことが大切であり、それを待とうと決めた。インフルエンザで欠席した後の次回、A男は保健室を見学すると言い出し、生徒が2、3人しかいない保健室を見て「こういうのいいなー」と話し、保健室登校することを決めた（#56）。人数が少ないことがA男の気持ちを楽にさせたようであっ

た。その後、週に3日保健室に登校するようになった（#59）。保健室登校の効果が現れて、A男はどんどん明るくなっていった。養護教諭や担任、他の先生方とも話せるようになり、3年生になると少人数のフリースクールへも通うようになった（#70）。Co.の手から離れ、Co.の手助けや周りの後押しがなくとも自らの活動範囲を広げているA男はとてもまぶしく映った。高校については自分のペースで登校できる通信制にしぼり、母親とともに説明会に行き、気に入ったところに体験にも行くことができた（#72）。表情や行動からA男が自信をつけてきていることが見て取れた。その後、希望の通信制高校に入学することが決まり、A男が中学を卒業するとともに面接は終了した。面接最後の日、照れながらも「今までありがとうございました」としっかりあいさつするA男の姿にCo.は終了する寂しさも感じながら、おどおどしていた最初の頃のA男を思い出し、3年間での成長に胸がいっぱいになった。

④母親面接　#17～#23（X＋2年～X年＋2年12月）《A男の育ちに付き添う》

A男の高校については一緒に説明会に行き、学校体験にもつき合った。A男が希望する高校は母親が望む学校ではなかったが、最後は「本人が行こうと思ったところじゃないと続かない」と話し、高校選択はA男に任せた。

（3）事例1の考察

　A男は自分自身がもともと持っている発達的な特性もあり、自ら母親を求めることが他のきょうだいと比べて少なかったと思われる。それに加え、母親側からの働きかけも十分とは言えず、母親と関わる体験、母親に自分を受けとめてもらえる体験が乏しかった。母親に代わって、姉たちや兄がA男の相手をしていたかもしれないが、A男が小学校に入学するころには姉たちや兄も各々の生活が中心となり、A男に関わっている余裕はなかったであろう。母親との関係が希薄で、頼れるきょうだいたちも離れていき、残されたA男は家庭に自分の居場所があることを実感できなかったのではないだろうか。コミュニケーション力も未熟なまま、思春期の友だち関係のなかにも自分の居場所を見つけることができなかったと考えられる。

　A男は面接開始から2年間のカウンセリングで人と話すことに慣れて、自分の気持ちを相手に言葉で伝えられるようになった。相談室という守られたA男にとっての安心できる場で、A男はコミュニケーションの仕方を学ぶことはもちろん内

面的にも時間をかけて力を蓄えていったように思われる。そして、3年目からは相談室から離れた保健室に登校できるようになった。他の場所とは違い、少人数であったことも対人不安の強いA男の抵抗を和らげたのだろう。学校で自分を受け容れてくれる、自分の頑張りを認めてくれる居場所を見つけ、「学校に行ける」ことで自信をつけることができたと考えられる。更に、学校以外の場であるフリースクールで他の人たちとの関わりやさまざまな体験を通して、将来に対して何の希望も持てなかったA男が自らの将来を想いえがき、それらを現実化して、高校に進学することができた。A男の居場所は、相談室から保健室、保健室からフリースクール、フリースクールから高校と広がっていった。この居場所は与えられたものではなく、A男が自らで選んだものである。自分で選択し、自分で決定して、それを周りから保証されたことでA男は自信を得て、自立の道を一歩ずつ歩むことができたと考えられる。

　A男は6人きょうだいの6番目として生まれた。母親にとっては5人の子育てがひと段落し、やっとこれから自分の時間が持てると思った矢先の妊娠であり、心から歓ぶことはできなかった。生まれたA男に対しても自分が親として「育てる」というよりは、「孫」という感覚に近く、しつけや関わりも姉や兄たちにくらべて熱心ではなかったと思われる。母親は、A男が本格的な不登校となり、それまで他人任せにしてきたA男と向き合わざるを得なくなった。面接の中で、A男が不登校になったのは自分がA男をしっかり見てこなかったことが原因だと自分の子育てを振り返った。そして、それまでは「面倒」と思っていたA男と関わることを意識して取り組み始め、母親の中でA男を家族の一員として受け入れる気持ちが芽生えたのである。このような母親の変化がA男の自信と自立を促進させる結果となったと考えられる。

2　人に会うのが恐いと訴えた小6女児（B子）

（1）相談までの経緯

　B子は小学校6年生頃から友だちに「キモイ」と言われる、人が喋っていると自分の悪口を言われている気がする、誰もいないのに声が聞こえるというような不安を訴え、不登校となった。学校だけではなく、外出も嫌がるようになったことから両親が心配して心療内科を受診した。投薬治療を受けることになったが、B子が通う医療機関ではカウンセリングを行っていないため、当相談室を紹介され、B子と

の相談が開始された。

クライエント：B子（初回時：小学6年生）

主訴：人に会うのが恐い

家族背景：父親（54歳）、姉（中3）、B子の3人家族である。少し離れた場所に父方祖父母が住んでいる。両親はB子が1歳半の時に母親が家を出る形で離婚した。母親とは定期的に面会がある。父親は感情を口に出す人で、会社の愚痴や学校への不満、母親への怒りなどをB子にぶちまけることが多かった。母親は、B子のことを大切に思いながらも自分の生活を優先させるところがあった。姉は父親や母親の話は聞き流し、家族の煩わしさに無関心だった。両親は離婚してからも仲が悪く、互いに悪口を言い合っている状態であった。

生育歴：発達は順調で、母親が家を出た後は保育園に入所した。

（2）面接の経過

第1期　#1～#5（X年1月～X年3月）《何とかしたいと願うB子》

　B子は両親に付き添われて来室したが、相談室へは一人で入ることを希望した。B子は細身で、マスクとメガネ、長い前髪でその顔はすっかり覆われていた。「キモイと言われる」「悪口を言われている気がする」「目が合うと『こっちみるな』と言われて、どこを見ていいのか分からなくなった」など、静かな小さい声で今まで経緯を話した。小柄で弱々しい印象を受けるB子だが今の状況を「なんとかしたい」という気持ちが伝わってくる面接であった。両親について、「みんなで一緒に住めたらいいと思う……でも、お母さんは、それは嫌だと思う……」（#3）と話し、家族に対する寂しさも感じられた。

①両親面接　#1～#4（X年1月～X年3月）《非難応酬の親たち》

　両親に対してもB子と同じCo.が担当し、面接には両親がそろって来談した。両親はB子が通う病院で親面接を受けていることから、当相談室での相談は不定期に両親が希望した時に行われた。時々、両親別々の面談を希望するが、話題の中心は相手の非難であり、B子が両親の間に入って混乱しているのではないかと想像できた。

第2期　#6～#33（X年4月～X年+1年3月）《疲弊を抱えながら中学登校》

　中学校に行くことが「しんどい」「つらい」「上級生が恐い」と訴えながらも「お父さんが勉強、勉強という」「学校休むともう頑張れない気がする」（#7）と話すB

子にCo.は〈休むのは怖い、けど、休んでもいいよ〉と伝えた。B子の疲弊した表情からも登校は難しいのではないかと判断できた。その後、学校へは週に1、2日登校することとし、学校に行かない日は、母親の家でゆっくりと過ごした。また、父親に対して、「くどくど同じこと何度も言わないでほしいと言いたい。でも、いざとなると言えない」(#15)、「お父さんがいなければいい。そう思ったことで涙がでた」「お母さんにお父さんの悪口言われるとすごく悲しくなる」(#17)と話した。一方、不安定なB子の様子を懸念して、主治医からしばらく母親宅で暮らしてはどうかと助言があった。父親はそれに対して激しく怒り、抵抗したが、周りからの説得もあって、B子が母親と暮らすことをしぶしぶ許した。B子は母親と暮らし始めると「お母さんのごはんがおいしい」と話したり、母親が仕事で遠方へ行くときはとても寂しがったり、母親に甘えたりすることが増えた。父親に遠慮せずに母親と過ごせることでB子は安心できるようであった。

②両親面接 #5～#12（X年4月～X+1年3月）《行き違いの一層の顕在化》

父親は、学校を休むことで、学習の遅れや高校進学を心配したが、B子の苦しさを理解しようと努力はしていた。Co.は父親の焦る気持ちもわかるが、B子には病院の悪口、母親の不満を言わないように意識して欲しいことを伝えた。父親は頭では理解しているが、なかなか抑えることができないようであった。母親は「B子が病気になったのは父親のせい」と父親を責めていた。そんな母親も最初は、B子との生活を喜んでいたが、徐々に精神的に不安定なB子との生活に疲れを見せ始めた。B子を支えることは難しいようであった。

第3期 #34～#55（X+1年4月～X+2年3月）《友だちを求めて》

中学2年生に進級したB子は、母親の家から自宅へ戻ることとなった。しばらくの期間、父親と生活を別にしたことで、今までとは違う視点で父親のことを見るようになり、「(父親のこと)好きになった」と言い、父親と2人で出かけるようにもなった(#43)。また、人に会うのは緊張すると言いながらも、幼馴染の友だちとメールをするようになり、担任に誘われてクラスへ参加するようになった(#38)。クラスに友だちができたことを喜ぶが(#47)、その反面、新しくできた友だちに嫌われたくないという思いから「中学生も中学校も嫌いになった、恐くなった」(#51)と語ることもあった。この時期のB子は、友だち関係を振り返り、「人にかまってほしい」「大丈夫？って言って欲しい」「自分のことを分かってほしい」(#51)と思っている自分に気が付く。友だちとの関わりを通して、自分自身を見つめている

ようであった。しかし、順調な日もあれば、「死んでしまえばよかった」（#44）と気分が沈む日もあり、不安定な状態は続いていた。

第4期　#56～#78（X＋2年4月～X年＋3年3月）《居場所を見つけて新たな一歩》

　3年生になり、友だち関係で疲れたB子が「もう友だちいらない、だけど、人とはしゃべりたい」と話したことから、別室登校（半日）をしてはどうかと担任に勧められた。別室登校が始まったころは朝食も取れず、身体が震えるほど緊張していたB子だが、別室へ毎日登校することで、「毎日充実している感じがする」（#62）と話した。また、人見知りの強いB子であったが、学校で辛いことについて担任や養護教諭に話せるようになった。担任以外の先生も別室にいるB子に声を掛け、勉強を教えてくれるなど（#66）、B子を支えてくれる人が学校で増え始め、B子は先生方の手厚い支援もあり、学校での居場所を見つけることができたようであった。「毎日は疲れる」と言いながらも、B子は、3年生の間はほとんど毎日登校した。面接でも日常生活で疑問に思ったことなどをノートに書き、次回面接でそれらをCo.に聞くようになった。病院の悪口ばかり言う父親に対しては「先生の悪口ばかり言わないで、私それならよくならない」と面と向かって自分の気持ちを伝えることができた（#57）。幼子のように甘えることが多かった母親に対しても「父親の悪口ばかり言っているから嫌だ」（#68）と年齢相応の不満も言うようになった。頑張りすぎて、ストレスが溜まるようなことがあると「人が恐い」と不安になり涙することもあったが、気分が落ち込むときはしっかり休養することをCo.とB子との間で確認した（#74）。その後、たまたまお店でぶつかった女の子たちにひどい言い方をされた時も「前だったら、泣いていたと思うけど、今回はそう思うその子たちの心が狭いと思う」など、嫌なことがあってもそれに引きずられない逞しさが見られるようになった（#76）。高校選択では両親の願いに振り回されることもあったが、Co.はB子の意思が一番大切であることをたびたび伝えた。B子は迷いながらも再び「友だちがほしい」と思うようになり、友だちとの関わりが持てるような通学型の通信制高校への進学を決め、中学卒業とともに面接は終了した。なお、病院への通院は継続している。

③両親面接　#13（X＋2年8月）《両親は各々にB子の育ちを喜ぶ》

　両親はB子がほぼ毎日登校していることで以前よりも安心をしているようであった。両親の仲は良いとはとても言い難いものであったが、B子が毎日登校することで明るくなったとその変化を両親ともに感じていた。高校進学については普通

の高等学校を希望したが、最終的にはB子の選択を尊重した。

(3) 事例2の考察

　B子はお互いにいがみ合う両親のもとに生まれ、育った。1歳半で母親との別れを体験し、本来なら心のよりどころとなるはずの親・家庭がB子には与えられなかった。お互いのよいところを認めることができない両親の間でB子は自分の価値観を形成することができなかったのではないだろうか。母親との間に作られた価値観は父親に壊され、父親との間に作られた価値観は母親に受け入れられなかった。2人の間でB子は惑乱したに違いない。思春期になり、自分の中にしっかりした価値観が形成されていないB子は、周りが何を考えているのか分からず、「人が恐い」と感じるようになり、自己の内的世界にこもる傾向が強くなったと考えられる。

　思春期は、「それまで取り入れていた親の価値観を一度排除して、自分の価値観や考えを自分の内に確立しなければいけない」時期でもある[2]。更に、友だちからの価値観にも影響を受けて、それまで正しいと思っていた親の価値観を客観的に考えることができるようになり、親の考え方の矛盾などにも気がついていく。父親と母親との間で何が正しいことなのか分からずに混乱していたB子であったが、両親から離れ、一度は失敗したものの友だちとの関わりを求め、Co.や担任、養護教諭など周りの考え方を吸収しながら、父親と母親を以前よりも客観的に見ることができるようになった。中学3年間で自分の価値観をゆっくり作り上げていったと言える。しかし、不安定なB子の価値観はまだまだ危ういものである。今後も保護と支援が必要であろう。

II　家庭の役割

1　父親と母親の関係

　これまでの諸研究により、「夫婦関係の良好性は子育てのための環境を整え、特に母親の子育てに大きな影響をもたらす」こと、そして、夫婦関係が良好な場合「子どもの発達・適応が良好な場合が多い」ことが報告されている[3]。つまり、良好な夫婦関係が子どものこころの安定につながるのである。しかし、たとえ両親の離婚などで子どもが傷ついたとしても、増田らは「親が時間的、精神的ゆとりをもって子どもに接し、愛情のこもったサポート」があれば、子どものこころの回復

は図れると説明している [4]。

　子どもの発達は主として母親との関係が基礎となり展開していく。「子どもにとって、幼少児期に愛された実感があれば親との間に基本的信頼関係ができあがり、その後の生育過程で困難に直面しても乗り越えていける」[4]。また、子どもは、安定した母親との二者関係から、父親という三者関係へ、次に仲間関係へと少しずつ自分の社会を広げ、親からの自立を果たしていくものである [5]。提示した2事例では、母親との結びつきが薄く、両親が不仲で安定した家庭が得られなかった。そのことがA男とB子の問題をより深くし、思春期に「学校に行けない」状態を作り出す一つの要因となったものと考えられる。

2　子どもと母親との相互関係

　「子どもと親は微妙に関係しており、子どもが成長すると、親も成長する。親が子どもを育てるだけでなく、子が親を育てているところもある」[6]というのは子どもに関わる多くの臨床家が示していることである。A男と母親との関係も同様のことが言える。子どもが成長することで母親も成長し、母親は子どもの成長を感じると子どもの意思に任せることができるようになる。そして、親から任せられ信頼されることで、子どもはさらに成長していくという具合に、子どもと母親とは相互に成長し合う関係である。

Ⅲ　カウンセラーの役割

1　子どもとカウンセラーの相互関係において必要なこと

　子どもは、自分をありのままに受け容れ、自分の話をしっかりと聴いて受けとめてもらえる体験を積み重ねることで、安心感を得て、自分が持っているエネルギーを発揮することができるようになる。子どもが話してくれた内容を否定することなく、子どもの気持ちを親身になって聴くことによって、子どもは自分を分かってもらえたと感じることができ、少しずつ自分に自信が持てるようになるのである。基本的なことではあるが、カウンセラーは子どもが次の一歩を選び、踏み出すことができるように子どもに寄り添い続けることが必要である。

2　親面接の意義

　子どもは、安定した家庭の中で育つ。子どもにとって安定した家庭とは、「危機

が生じた際に逃げ込み保護を求める安全な避難場所」であり、「危機がおさまり安定を取り戻したときには、今度は、そこを拠点に外の世界へと積極的に出ていくための安全基地」である[5]。親が子どもに関心を持ち、子どもの話を聴きながら、子どもを理解し、子どもの力を信じることで子どもは自分自身に自信を持つことができる。思春期を迎え、友だち関係などの不安や自分自身についての悩みなど何らかの問題を抱えたとしても、自分の力でその問題に取り組むことができるのである。

　カウンセラーは子どもとの面接を通して、今の子どもにとって必要と思われることを親面接の中で伝えていく。親の話を親身になって聴くことや親の心配や不安な気持ちを受けとめることと同時に、子どもに対する関わり方を具体的に伝えることで、親子関係がよりスムーズになるよう、カウンセラーは働きかける必要がある。カウンセラーができることは親を労わり、認め、そうすることで親が子どもと向き合い、子どもを理解し、親としての役割により一層生き生きと取り組めるように支えることである。

3　子どもの変化とカウンセラーの変化

　傳田は、治療者が自分を理解して、自分を洞察すればするほど、相手のことがだんだん見えてくるとし、そうすることで、「子どもも自分を洞察していったり、いろいろな自分の問題に気づいていったりする」「子どもを知ろうとすることは、治療者が自分を知っていくこと」と述べている[7]。カウンセラーが子どもとのやり取りを通して自分自身と向き合い、自分の様々な心の揺れ動きに気がつくことで子どもも自分を見つめ、動き出すきっかけになるのではないかと考えられる。カウンセラーも未熟な一人の人間であり、子どもとの関わり合いのなかでともに成長していくものであると言える。

Ⅳ　子の「育ち」について

　子どもは、人と人との関わりの中で育つ。子どもは、自分が安心できる場で「他者から肯定的に、好意的に評価されると、その評価をそのままに受容して自己概念を安定化させ、またその評価を自己の内に統合する」ことができ、その自己概念は多くの他者に肯定的に評価されるほど安定したものとなる[8]。そして、そうし

た「自分は自分でいいんだという安堵感をもてる居場所がその次への成長の基盤になっていく」のである[9]。A男、B子は保健室や別室をこころの居場所とし、今の自分を受け容れてくれる周りとの関わり合いの中で、自分を肯定的にとらえられるようになり、次の課題へと進むことができた。子どもが育つうえでは子どもの成長を信じて見守る周りの眼差しと居場所が必要だと考えられる。

付記
　本事例のスーパーヴァイザーとして温かいご助言と励ましを賜りました吉野要先生に心より感謝申し上げます。

【引用文献】
[1]　文部科学省（2015）「不登校児童生徒への支援に関する中間報告」
[2]　成田善弘（2006）「思春期・青年期のこころと臨床」『心理臨床の眼差』新曜社
[3]　尾形和男（2011）『父親の心理学』北大路書房
[4]　増田ら（2004）「子どもからみた家族機能の評価とそれに及ぼす家庭環境の影響」心身医学　44　11号　852-860
[5]　桐山雅子（2008）「居場所としての家庭」児童心理　金子書房
[6]　岡田康伸（2003）「母と子の心理臨床」松尾恒子編『子どもの問題行動と母の心理臨床』創元社　142-160
[7]　傳田健三（2011）『対人援助者の条件——クライエントを支えていくということ』金剛出版
[8]　住田正樹・南博文（編）（2003）『子どもたちの「居場所」と対人的世界の現在』九州大学出版会
[9]　村瀬嘉代子（2004）『小さな贈り物——傷ついたこころにより添って』創元社

第5章　不登校と進路イメージ形成
松瀬 留美子

　学校教育現場における不登校の児童生徒の数は着実に減少しているわけではない。不登校からの回復のためにどのように子どもと親の心を理解し、支えたらよいのだろうか。本章では、中学生の不登校をとりあげ、回復のためのプロセスを進路イメージ形成と同一性のテーマを中心に論じていきたい。

I　不登校の現状
1　不登校の実態
　文科省では年度間に連続又は断続して30日以上欠席した児童生徒について調査し、「不登校とは、何らかの心理的、情緒的、身体的、あるいは社会的要因・背景により、児童生徒が登校しないあるいは登校したくてもできない状況にあること（ただし、病気や経済的理由によるものを除く）」と示している。

　文科省の「児童生徒の問題行動等生徒指導上の諸問題に関する調査」[1]によれば、全国の不登校児童生徒数は、小学校では2万5,864人（不登校比率0.39％）、中学校が9万7,033人（不登校比率2.76％）であった。中学校では、2001年度をピークに減少の方向にあり、2006～2007年度に若干増えた時期があったものの下降傾向が見られたが、2013年度に再び、増加している。小学校では1998年度まで上昇し、以後ほぼ横這いである。

　このような現状の中で、不登校への対応について学校教育現場の方針も動いており、単純に長期欠席率の推移だけで不登校の増加を論じることには無理がある。不登校の背景は様々であるが、特に最近では、背景に発達障害との関連が強く示唆されている[3]。横山[13]は不登校の子どもの背景に自閉症スペクトラム（Autism Spectrum Disorder：ASD）の存在する子どもが少なくないと述べ、ASDと不登校の合併例を多く示す研究報告を概観し、ASD特性のために小学校の高学年から中学校にかけての環境にうまく適応できず、否定的体験を積み重ねてしまい、いじめの対象になりやすいなど、しばしば不登校などの二次障害を生じることがあると説

第5章　不登校と進路イメージ形成

明している。

　不登校にどのように対応していくのかはケースにより異なるが、登校刺激についても様々な議論があること、そして、不登校の経験を持つ生徒の進学先が広がっていることも検証の対象となる。正確な見立てと支援方針の検討及び見直しを、長期的な視野に立って繰り返して実践、検証していくことが求められ、そして言うまでもなく、生徒、家族、学校と必要な例では医療機関の連携が軸となる。

2　スクールカウンセラーの役割

　1995年度より始まった文部省スクールカウンセラー（以下、SCと表記）活用調査研究委託事業から既に20年以上が経過し、現在まで、文部科学省事業のSCの84％を臨床心理士が占めており、SC制度は学校教育の中に確実に根付いた。当初は、いじめ問題や不登校への対応が期待されて活動が始まったが、現在、活用形態の見直しと、活動の拡大がのぞまれる転換期に入ってきている。

　筆者が担当する教職科目・教育関係の科目受講の複数の大学の大学生に、SCについての思い出を尋ねてみたところ、既にSC配置が小学校入学時から実施されている世代であり、SCが「学校内にいたことは知っている」が、「特別な人が行くところ」「担任の先生やクラスの生徒に知られることが嫌で相談に行くことがためらわれた」「不登校の生徒が相談に行っていた」などという印象をもっている者が少なくない。その一方、「相談をしてみたらとても良かった」という意見も垣間みられる。前述のように、学校教育現場の大きな課題として、SCの職務は当初は、不登校の児童生徒数を減らすことに関与することといじめへの対応が最優先事項として謳われていたようであった。近年ではいじめ問題と共に発達障害が前面に強調され、不登校がやや後手にまわったような印象を受けるかもしれないが、先に述べたように不登校の背景にこれらの問題が存在することは少なくなく、不登校が将来の自我同一性の確立につながる、学齢期の重要な課題であることは明白である。

　それでは、不登校に関わるSCにはどのような役割が求められるか。SCの職務として求められるものは配置された学校により多少、異なるが、基本的には、SCの外部性や中立性を生かし、不登校となった本人や親、担任教師や教師集団の持つ力を引き出しながら支援を進めていくことであり[9]、それぞれの対象の慎重な見立てを行い、対象のペースを尊重して丁寧につないでいくことである[1]。そのためには、SCが教師集団から信頼されることが前提になり、学校が保護者や対象児

童生徒から相談しやすい雰囲気をもっているかも問われてくる。

　本章では筆者がSCとして関わった不登校の生徒の事例を報告し、適応指導教室を利用しながら高校受験へと意識を高めていったプロセスと生徒と母親への支援について検討する。さらに、青年期の同一性の課題に言及し、進路イメージ形成を主に論じ、不登校の子どもを持つ母親のアイデンティティにも言及する。

II　不登校事例

5年間の不登校を高校進学を目標に歩んだ女子中学生

　筆者がSCとして、教師へのコンサルテーションと母親面接を含めると約5年間関わった不登校女子生徒Aの事例の経過を紹介し、検討を行う。事例については当事者の了解を得ているが、プライバシー保護のために個人を特定できないように記述に配慮した。

1　概要

　中学校SCの学校区である小学校の教員から対象児A（当時、小学校5年生）の不登校について相談を受けた。Aは小学校4年の時にいじめを受けたことが原因で欠席がちになり、小学校5年の2学期以降、5、6年生はほとんど登校していない。数か月後にAの母親からSCに相談申込みがあり、SCは小学校教員へのコンサルテーションとAが入学予定の中学校での母親面接という形で関わり始めた。Aは小学校に登校することができず、SCが小学校でAの面談をすることはかなわなかったが、長期休暇時に母親が中学校でSCと面談をした折に2度同行した。本人が相談室に来談できる状態を待って、中学校入学後、本人の面接を始め、中学校卒業まで3年間、支援を行った。家族は会社員の父親と母親、姉の4人家族であり、近隣に父方の祖父母が住んでいた。

2　本人面接の経過

第1期：SC面談を開始しラポールを形成するまでの時期（中学校1年）
身体の不調を訴え、中学校入学後も登校できない

　Aは学校区の公立中学校に進学し、入学式には出席したが、最初の2週間教室に入れたあと、4月後半から不登校になった。この時期は相談室に立ち寄ることもできず、SCは母親面接と、担任教員へのコンサルテーションという形で支援を開

第5章 不登校と進路イメージ形成

始した。5月の連休あけに、適応指導教室を勧められて通所を決めた。週に1度のペースで適応指導相談がスタートしたが、担当者とのラポール形成に至らないままに通うことができなくなり、その代わりに中学校の相談室でスクールカウンセリングを受けることに承諾した。SCとの面談日を1か月に1回、母親同席で実施するという緩い枠で設定し、面談日には来談ができるようになったが、教室に入室することはなかった。SCとの面談の中で、不登校の理由を簡単に「いじめがあったので行けなくなった」と話した。SCはAの内向的で言葉の少ない印象をASD特性によるコミュニケーションの特徴というよりは、長期間の不登校による対人不安的なものであるように感じていたが、少し時間をかけて様子をみていくことにした。Aの体調は整わず、腹痛、微熱、睡眠時の入眠困難といった身体症状を示し、緊張感が続いた。母親の希望により心療内科を紹介したが、通院は継続しなかった。そのような中でもAは相談室が教室棟と離れていたこともあって来談しやすかったらしく、少しずつ相談室の雰囲気に慣れ、2学期には、母親と一緒に来談するが、母親が5分程度話をしたあと帰宅しても一人で面談が行えるようになった。

第2期：中学校への相談室での面談が定着し内省が進む時期（中学校2年1学期）
SCとのラポールが形成し始める

　母親に校門まで送ってもらい、一人でSCと面談できるようになった。まずは、制服を着て中学校の校内に入ること、生徒としての居場所を相談室に感じられるようになることを目標にした。本人の要望で、同級生に会わないように面接開始時間と終了時間を放課時間にならないように設定した。相談室では、自分から話を始めることはなかったので、SCが話題提供をする形で趣味の音楽の話、習い事について語ってもらった。SCからは学校の話題は出さなかったが、自然な会話のやりとりが増えてきたので、反応を見ながら、その時期の学校行事の内容について説明し、学校生活のイメージを形成していけるように努めた。中学校ではSCと週に1日、面談をし、それ以外の曜日に、週に1～2日は適応指導教室に通所できるようになった。適応指導教室で不登校の友だちができ始め、次第に適応指導教室を居心地の良い場所として受け入れていった。夏休み中で生徒がいない教室に担任教員と一緒に自分の座席を見に行き、クラスの中に自分が生徒として存在していること、クラスメイトの雰囲気をイメージすることを促した。

第3期：適応指導教室の通所が定着し始める時期（中学校2年生2学期～3学期）
適応指導教室の通所日を増やす

夏休み明けの来談では、夏休みに退屈してきたことを語り、適応指導教室を週に3日通うことを決めた。相談室では穏やかな時間を過ごし、小学校時代の出来事やいじめについても内容を語ることができるようになった。仲間外れにされ嫌がらせを受け、孤立へと追い込まれたいじめ経験を「許せない」と相手への憎しみを言語化した。不登校後もメールで連絡をとりあっている友人の女子生徒Bがいたので、SCは本人の了解を得て担任教員にBへのさり気ない声かけを依頼した。Aは「Bと一緒に修学旅行に行けたらいいなあ」と希望を持ち始め、「高校には行きたい。このままでは勉強も遅れてしまう」と、個別指導の塾に通い始めた。
「1でもいいから成績をつけてください」
　教室で授業を受けることはできなかったが、定期試験は受けたいという意思表示をし、別室受験が認められた。Aは答案用紙が返却されると「0点ではなかった。15点とれた」などと喜んだ。1学期の通知表の成績評価欄には昨年と同様に、5段階評価ではなく「―」（評価対象外）と記載されていたので、「テストを受けているのにどうして成績がつかないのかを担任に聞いてほしい」と話した。SCが担任にそのことを伝えると、『Aはもともとは理解力が高い生徒なので、1が並ぶのは残念に思うのではないかと配慮したつもりだったが、そのことを本人と話してみる』とのことであった。その後、Aから「何も評価されていない方がよほど残念です。1でもいいから成績をつけてください」と希望を述べて認められたことが話され、SCはそんな風に自分自身の頑張りを認めていくことのできるAに感動を覚えた。「1がつくよりは何もない方がマシだという生徒もいるようだけれど、Aさんは努力のプロセスを喜ぶことができるのね。素敵だね。感動しちゃった」と率直な感想を返した。

第4期：高校進学をイメージし、高校受験へ能動的に歩き始める時期（中学校3年生）
修学旅行への参加
　3年生では、毎週1度、1限目にSCとの面接に来校し、その後、帰宅して私服に着替えて適応指導教室に5日間、休まずに通うという規則正しい生活を送るようになった。面接では、適応指導教室での行事や複数の友だちとの話を自発的に生き生きと語るようになり、面接の空間が笑いのあるものに変化していった。自宅では毎日、独学で楽器の演奏の練習をしており、週末には、適応指導教室の友人や小学校からの友人のBと遊びに出かけることもあった。修学旅行は2泊3日で実施されたが、AはBと同じ班になったので、「2日間は無理かもしれないが、1日だけ

第5章 不登校と進路イメージ形成

でも参加したい」という希望を学校側に伝えたところ『もし、調子が悪くなった場合に保護者が迎えに来られるのならば参加してよい』と認められた。結局、2日目の朝に帰宅を選び、母親が宿泊先まで迎えに行ったが、「2日目は母親と一緒に修学旅行をやってきました」と後悔のない表情で爽やかに語った。後日、母親からも『1日だけでも参加できてよかった。Aと一緒に私も修学旅行ができました』と学校側の配慮に感謝の言葉が述べられた。

受験を意識し熱心に勉強をする

Aは教室では授業は受けられなかったが、学習意欲はあり、個別指導の塾での勉強時間を増やし、学力試験や定期試験では別室受験から教室内での受験へと挑戦をしていった。定期試験の暗記系の科目で55点がとれたときはうれしそうに報告した。Aと同じ適応指導教室に通所している生徒には、卒業後の進路に高校普通科を選択する例はほとんどいなかったが、Aは「普通の高校に行きたい。やりたい部活がある」と希望を語り、複数の高校見学会に参加をしたあと、不登校受験枠のある普通科のC高校を第1志望とし、第2志望にD高校、滑り止めとして昼間定時制のE高校を受験することに決めた。SCは、進路についての相談は進路指導の教員同席の元で行うという原則と、挑戦を応援する姿勢を伝えた。進路担当教員からSCには、C高校は受験倍率が高く、合格は困難であること、D高校なら合格できる可能性はあるが、確実ではないことを告げられていた。

高校見学と入学試験

Aは第2志望であるD高校の最終の高校見学会の個別相談に参加し、保護者同席で入試担当の教員と面談した。翌回のSCとの面談で、Aは、ただの個別相談だと思っていたが、色々と聞かれたこと、中学校で不登校になった原因について追及され、動揺してしまったことを力なくSCに話した。一方、D高校からは中学校の進路指導の教員にAの個別面談結果の連絡が入り、現状での入学は難しいと報告された。その理由について、「不登校の原因になったいじめについて、『いじめた相手を許しているか』と尋ねたところ、Aは『許せません』ときっぱり答えた。その状態では、もし、再度、同様のことが起きたときに、同じように登校できなくなる」と説明がされたとのことであった。進路担当の担任教員はAが傷つくことを考えてその話を伝えられていないとのことで、SCは担任教員から受験直前のAへのメンタル面でのフォローをまかされた。そこで、Aが高校に入学後の自分をイメージして、それができることを信じて頑張ってきたこと、しっかりと自己主張で

きるようになったこと、不登校枠入試では、過去ではなくて、高校入学後にきちんと登校できる生徒かどうかという先のことを見ているから、自信をもって臨んでほしいことを伝えた。そして、「ただ、一つだけ、高校入試の先生に入学試験の面接でお話しをすることと、自分の中で大切にする思いは時には違ってもいいかもしれない。自分の中で大切にする思いは、本当に大切に扱ってくれる人にお話しすればいいということもあるんじゃないかな」と話した。Aは「先生（SC）のおっしゃること、わかりました」としっかりと返答した。Aは受験に臨み、進路指導では合格は困難と予測された第1志望のC高校の普通科に合格をした。卒業前の最後の面接では、Aは「何だか小学校でのいじめのこと、もういいかなあと思えるようになりました」と穏やかな笑顔で話し、事例の公表についても快諾をしてくれた。高校入学後、1学期終了時に母親から中学校に、Aが毎日登校できているという報告が入った。

3　母親面接
子どもの不登校を共に歩くための支援（A：小学校5年～中学校1年）

　Aの母親がSCに相談をしたのは、Aの不登校が固まって6か月ほど経過してからであった。周囲を頼らず、夫の親に知られないように何とか担任教員とのやりとりで早期に学校に復帰できるのではないかと頑張っていたが、事態は好転せず、ようやく、子どもの不登校を受け入れてSCに相談に行くまでに6か月の時間が必要であった。この間に母親自身が過去の自分の不登校について内省する時があったのだと推察される。

　母親への支援は、Aが小学校5年～6年生まではAの日常生活など具体的な情報を聴取して家庭でののぞましい対応の助言をすること、担任教員と情報を共有し、具体的な支援についてコンサルテーションを行う形で進められた。また、中学校でのスクールカウンセリングと学外の支援機関として、教育委員会の適応指導教室、不登校に理解のある心療内科、大学付設の心理臨床相談室の情報提供をした。家族の関わり方として両親の歩調を合わせていくこと、姉には高校生活の楽しさをさり気なく伝えてもらうように勧めた。母親面接は、中学校に入学後にAがSCとラポールを形成していくまで繋ぎの役割も担い、母親が事前にSCの様子を伝えていたため、A自身が、SCのイメージを描きやすく、来談の不安が軽減されていった。この段階では、母親の精神的負担感を軽減することを意識した。不登校の

第5章　不登校と進路イメージ形成　　67

原因探しをし過ぎないこと、母親がAの登校を信じて待つことが大切であるということはもちろん、大切なことであるが、実は、それほど簡単なことではない[8]。SCは、その大変さに共感をする言葉を丁寧にかけていった。

母親個人の課題に取り組めるように（A：中学校1年～3年）

　腹痛や頭痛、微熱などのAの身体症状がなくなり、Aが一人で適応指導教室や中学校の相談室に出向くことができるようになった頃からは、母親が自身の1人の人としての人生に向き合えるように、子どもの不登校を脇に置いて、母親個人の感情につきあうように努めた。母親との面接回数は4年間で10数回（本人の面談に付き添いとして同席をした回や電話による近況報告はカウントしていない）と決して多いものではなかったが、時間をかけて母親とSCの関係は安定したものになっていった。初期の頃は、母親は不登校という言葉に敏感になっており、不登校という言葉を避けているかのように「欠席が続いている」と表現をしていた。学校への要求も多く述べられたが、それらは、母親自身が中学校で不登校だった経験を持ち、望んだ形で高校に進学できなかったことを後悔しているなど、自らの問題が未解決であったことにも関係していたと考える。Aの不登校について近くに住む義父母（Aの祖父母）から責められることがあり、一層、責任と劣等感を感じていたと推察される。

　しかし、母親もそこで留まらずに、自分自身の問題の解決に向けて歩き始めた。先に述べたように、不登校生徒の親としてではなく、一人の人間として自分自身が楽しめるもの、やりたいことをやってみることを勧めていく中で、Aの身体症状が軽減された第3期前後頃より、『今回は私自身の相談にのっていただけないか。通信制教育で大学卒業を目指したいと思っている』という相談があった。母親が学びたい科目はSCの専門の範囲のものであったので、科目内容について情報提供を行った。その後、Aの母親は実際に、大学卒業資格を取得するという目標をたて、着実に実行に移していった。

4　不登校からの回復につながった要因

　本事例でAが5年数か月にわたる不登校に終止符を打ち、高校生活を送れるようになったのはA自身の成長によるものが大きく、SCは方向性を導き、その時間を見守ったわけであるが、具体的な要因について以下のように考える。まず、一人のSCが長期的に関わることができたため、教員へのコンサルテーション、保護者

への心理的支援を行い、本人が動けない時期に少しずつ周囲の環境を調整していけたことである。環境調整が進むうちに、本人が外に出向くエネルギーを蓄え、スクールカウンセリングへとこぎつけることができた。また中学校進学の折に同じ担当者が中学校にいるということで、特に保護者が不安を感じることなく進学をした。中学校においても学校側の配慮により、入学当初から丁寧な支援が継続されたため、所属クラスの調整が行われた。教室で授業を受けることはできなかったが、スクールカウンセリングが深まるプロセスで適応指導教室に通所できるようになり、適応指導教室を居場所と感じ、学校生活への理想的なステップとなったこと、時間をかけて自分自身が大切な存在として受け入れられていったことが結果につながっていった。スクールカウンセリングでは内省が進み、言語化できるようになる中で、自分がやりたいことを見つけ出し、趣味の音楽を高校の部活への憧れにつなげ、高校入学という具体的な目標を強く意識できるように進んだ。高校受験を意識して個別の塾で学習を行う、中学校の定期試験に挑戦をする、高校入試で検討対象となる欠席回数を意識し適応指導教室に休まず通うなど頑張り続け、スクールカウンセリングを受けて高校生活のための心の準備を整えていった。さらにAは高校卒業後の大学進学にも思いを馳せ、学びたいことのイメージを描いていった。これらのように高校入試のために頑張ったことが入学試験の面接での自己PRにもつながった。心身が安定してくる中で、自分の学校生活や家族関係を振り返ることができるようになり、母親もSCの関わりを肯定的に受け入れ、子どもの不登校と自分自身の青年期から持ち続けていた課題を区別して、自分の課題解決に向けて動き始めることを試みた。その行動そのものが、子どもの不登校からの回復に良いモデルとして影響を与えたと考える。

Ⅲ 不登校の生徒と母親への心理支援

不登校の支援について心理臨床家による様々な報告があるが[1, 2, 5, 9]、筆者は不登校支援に関わるSCの役割として特に重要なのは、「つなぐ―つながる」「段階的なプロセス」「待つこと」そして「将来へのイメージ形成」であると考える。Ⅱ節で提示した事例でも触れたが、本章では、事例の考察も交えながら筆者が不登校の心理支援において特に大切に取り扱っていることを、将来へのイメージ形成を主に述べたい。

第 5 章 不登校と進路イメージ形成

1 つなぐ―つながる

Ⅰ節でも少し触れたが、福丸[1]は不登校女子中学生にSCとして関わった事例を「橋渡し」を中心に論じ、人と人の関係、人と場、場と場を橋渡しすることなど様々な機能が含まれるとし、慎重な見立てを行い、丁寧につなげていくことが重要であると説明している。本章のⅡ節の事例では、SCと教員との良い関係が既に構築できていたため、小学校と中学校という場をつなぐこと、母親と学校・教員をつなぐこと、本人と学校・教員をつなぐこと、相談室と適応指導教室、別室、教室をつなぐことなど、SCがつなぐ機能を遂行しやすかった。また、本章のテーマとして論じる「イメージ形成」について、本人の現在と将来をつなぐという「イメージ形成」、中学校から高校へとつなぐ現実的支援がうまく進んだと考える。

不登校を呈する生徒やその保護者は、学校に対して遠慮がある、あるいは、良いイメージを持たないことを遠回しに言語化する、批判するなどの例が少なくないが、筆者はどのような例においても、不登校からの回復には、どこかで学校につながっていくことがとても大切であると考えている。もし、当事者が担任や学校に対してのぞましくないイメージを持っているのであれば、なぜ、そのように感じるのかという気持ちに添いながら、その認知を少しずつ修正していけるように支え、関係をつなげていくのもSCや教員の役割である。村田[9]は自らの子どもが不登校になった経験を持つベテラン教員の立場から、不登校相談の初期段階には、親にとっては不登校の原因さがしや学校の対応のまずさや先生に対する不満を語ることは当然のことであり、そのことが状況理解や今後の保護者支援に大切であると述べている。提示した事例でも、学年の変わり目には学校に対する不満が話されることがあったが、SCはその感情をしっかりと受け止めつつも、学校のイメージを良いものに変えていけるように伝えていった。このことは、自らの学校生活に何らかの思いを抱える母親自身の葛藤の解決にも影響を与えるものである。

2 段階的なプロセスをゆっくりと進む

不登校の心理支援は、当事者の状態をアセスメントし、どの程度、時間をかけて登校に向けていくかを見立てることから始まる。階段をイメージすると理解しやすいが、各階段の幅や高さ、上る速度は、本人の状態によって異なる。SCに相談に訪れるまでの時間も様々である。そして、本人が階段を上がる以前に、親との信頼関係を築くことが、子どもとの治療的な関わりを招きいれることにつながる[5]と

いうことを示す報告は多い。Ⅱ節で提示した事例では、まず、最初の相談者の母親とのラポールを形成し、Ａが来談するための素地を作った。また、そのこと以前に教員とＳＣの関係も良好であり、連携がとりやすい状況であった。Ａは母親からＳＣの話を聞いていたので、ＳＣと中学校の様子がイメージしやすく、相談室に登校できるようになった。ＡはＳＣと面談を継続していくことで、気持ちを外に向け、外に出ることに自信をつけていき、適応指導教室に通所する力を得たというようにすべてのプロセスにおいてゆっくりと時間をかけて次のステップに導いていった。適応指導教室では同学年の不登校の友人ができ仲間意識を共有できるようになっていったが、仲間関係に支えられながら次第に自分自身の将来の夢へのイメージを作り、目標を立てて行動に移していった。Ａは、全日制高校に進学をして普通の高校生活を送りたいこと、大学にも行きたいこと、大学生になったら短期留学もしたいことなど、中学校卒業以降の夢を描くことができるようになり、そのためにまずは高校入学試験を突破しなくてはと、自分自身の力で決めていった。

3　「待つ」ということ

Ⅱ節に提示した事例では、学校側も家族も５年を超える時間、Ａの心の成長を待つことができた。振り返れば、サクセスストーリーということになるが、渦中にあるときにゴールも道も見えない状態で、Ａにとっても家族にとっても待つことは楽なものではなかった。しかし、Ａの一番近くでＡと一緒に動いてくれた母親や見守ってくれた家族、ＳＣと一緒にＡへの対応を検討し、適切に教育的配慮を行った教員など、Ａの周囲の者がＡの心の回復を待ってくれたことが、Ａの主体的な進路選択へと繋がった。

不登校については、「待つこと」の重要さは叫ばれているが[8]、実際には、少し動けるようになると目の前のとにかく登校するという次のステップへと急がせてしまい失敗することが少なくない。支援を行う周囲の者は、相談室のイメージを伝えて本人が来談するのを待つ、内省から言語化への時間を待つ、相談室から適応指導教室への通所を待つ、適応指導居室から教室へと待つことが求められるし、当該生徒も、不登校の時間から通学できるようになる自分をイメージし、自分を信じて待つことができるかどうかが大切になってくる。Ⅱ節の事例ではないが、別の生徒では、担任教員に「保健室に１時間でよいから登校でいいからできるといいね」と言われて、ようやく保健室を訪れることができた生徒に、養護教諭から連絡を受けた

担任教員が喜んで飛んできて、「よく来れたね。次は1時間でいいから教室に入ってみない？」と言われたため、保健室にも登校できなくなってしまった生徒がいた。このような例では、まず、保健室に定期的に1時間来室することが定着するのを待ってから次のステップに進めることがのぞましいが、担任教員が急ぎ過ぎたために状態は逆戻りしてしまったわけである。

待つことは容易ではないが、SCの役割として、長期的な視野に立ち、生徒が自分自身で目標をみつけ、それを具体化できるように丁寧に導いていくこと、保護者や担任教員がはやる気持ちを緩め、生徒の成長を信じて粘り強く見守る時間を支援していくことが大切である。

4 高校進学へのイメージ形成と具体的な支援

不登校の生徒が緊張感の強い初期の頃には、過去を振り返ることよりも、現在より少し先のことに目を向けることを意識した方が良い場合がある。また、岩宮[2]は不登校をこころの問題として扱うよりも、子どもの個性にあわせて「居場所と進路を多岐にわたって考える」という具体的な支援として対応することに言及している。筆者も様々な思春期・青年期の例に関わっているが、進路をイメージできるようにしていくことが、本人が動き始める鍵になると考えられるケースに出会うことが少なくない。

具体的には、Ⅱ節の事例では本人の気持ちが落ち着いていく状態を見立てて、現実の中学校生活をイメージさせ、そのような中で自ら語ることを待った。教室にはほとんど入れなかったが、中学校の相談室に通うことで中学校の登校イメージと学校生活のイメージを、さらにその先の進路――高校生活のイメージも作りやすかったと考える。進路がイメージできるようになり、憧れが現実的な目標となっていくと、具体的な情報提供を得て行動に移していく段階になる。しかし、教室で授業を受けている生徒の場合、3年生になれば自然に受験モードを感じていくであろうが、不登校の生徒はそのような刺激に自然に触れる機会が極めて少ない。この時期の生徒に関わるSCは生徒の適応水準を見立てて、現在の状態にふさわしい高校受験に関する刺激を与えていくことも求められる。進路指導は教員が行うので（という明確な指示のある学校が多い）、SCは教員のコンサルテーション役を担った。Aは高校生活をイメージし、「高校生になるためには高校入学試験を突破するためにはこのままではいけない、せめて勉強をしなくては」と、個別指導の塾に通い、勉強

を始めた。自らの目標をしっかりと定め、強くイメージをして、頑張ればできるかもしれないと感じられたこと、それを周囲が根気強く支えていった。本人の強い達成動機はもちろんのこと、4年半近く本人の内省と成長を支えて待つことができた母親の力と学校、教員の支援を得ることができたことが有用であった。

5 発達課題と母親との関係

斎藤 [12] は "前期アドレッセンス" を10歳から15歳とし、この時期の心的発達課題を「母親像からの分離」とまとめている。川畑 [4] は11歳から15歳の時期に入ると現実的な思考・生き方が求められ、「自分という存在」を考え始め、「自分は果たして自分が望んでいたような未来を築けるのか？」「自分はどういう人間なのか？　自分の価値はいかほどのものか？」という不安や疑問にさいなまれると述べている。表面的には目立った不適応がみられなくてもこのように自己に向き合い、不安になりやすい時期である。この時期に、自分の価値を否定されたと感じた経験は、自立に向けて望ましい方向にもそうでない方向にも向かう可能性がある。Ⅱ節で提示した事例では、ちょうどこの時期に、いじめを受けて仲間集団から孤立化し、自己愛が傷つけられたために母親の元に戻り、ひきこもること、不登校で対処しようとした。そして、周囲の支援を受けながら、将来の進路イメージを形成し、実行に移していくことで、自立に向けても前進し、自己評価を高めていくという望ましい方向に進んだと考える。母親は自分自身の課題に向き合っていき、子どもは周囲の配慮によって内省が深まり、目標を見つけることで、将来の進路イメージを作っていくというのぞましい方向に進んだ。子どもの内省の時期に、母親自身が不登校の経験を持っていたことは、両者にとって心の奥底で影響を与え合い、おそらく初期の頃には互いに言語化できない緊張感もあったであろう。森石 [10] は不登校の中学生の母親面接を通して、母親が子どもと別個の独自の姿を生成する過程は、子どもの自立の過程と関連が深く、両者は相互に影響を及ぼし合いながら進展すると述べている。本事例でも、母親は子どもが不登校を呈したことで動揺し、その問題に熱心に取り組んでいったが、初期の頃は適切な距離をとれていなかった。しかし、母親が子どもの不登校と、自分自身の青年期前期から蓋をしてきた自分自身の課題を別物として直面し、葛藤していく中で、両者が影響し合って解決に向けて進展していく一因となったと考えられる。

6 母親が自分の問題として捉える

　筆者は以前にも母親が自分らしく自分の人生を歩くことの意義について述べたことがある [7]。一般的には子どもの不適応に限らず、親は自分のやれなかったことを子どもに期待する、自分の失敗を子どもが繰り返さないように先回りする傾向がある。もちろん、このことがすべて悪いというわけではないが、子どもに過剰な期待をかける前に、自分の行動をしっかりと振り返ることが必要であろう。子どもの思春期の頃には親は自分の人生を再吟味する時期に来ており、自らの軌跡を振り返りはするが、それを自らに問うことをせず、子どもに向けてしまうことがある。子どもの側から見れば、人生の中でも、特に親を批判的に評価しやすい時期である。Ⅱ節に示した不登校事例では、母親は来談した当初は、自分の過去の不登校経験を完全に消化できておらず、「学校」に対するマイナス感情とコンプレックスを秘かに抱えながら、子どもを何とか自分の力で登校させようと考えていた。隣接した敷地に住むAの祖父母に協力を求めることや、学校関係者から祖父母の存在について触れられることさえもやんわりであるがきっぱりと拒んでいた。しかし、学校の支援を受けて、子どもの不適応を受け入れるとともに、母親自身の青年期の同一性の課題である中途退学をしてあきらめた勉強をやり直すこと、ずっと抱え続けてきた「学校」へのコンプレックスを、解決あるいは解消に向けて歩き始めていった。それに並行して、子どもは自分の不登校に道筋をつけて、能動的に行動をしていった。岡村 [11] は不登校支援に関わった経験から"母親が自身の問題と向き合い、自分自身を回復するというプロセスと並行して、子どももまた主体性を回復する"という視点を持つことの重要性を論じている。筆者も不登校事例と関わるときには、母親自身の課題に触れることが少なくなく、母親が自分の課題は自分のものとして直面し、取り組んでいくことの重要さをあらためて強調したい。

Ⅳ　進路をイメージすること

1　進路選択と将来のイメージ

　筆者は青年期前期の課題として、おそらく最も重要なことの一つに進路決定があると考えている。最近では、広島県で、中学3年生の男子生徒が進路指導後に自殺をするという事件があった [2]。新聞記事の見出しには「中3、進路指導後に自殺」「学校『万引き』誤記録推薦せず」とあり、三者面談で、生徒が死亡した私立高校への学校長の推薦ができないと親に告げられた日に、三者面談に現れなかった当該

生徒が自宅で自殺をしていたとのことである。本章はこの事件を追究するものではないが、進路というものは繊細な青年期前期の者にとってそれほど大きなものと捉えられていることを否定できない。

　進路選択には通常、時間的制約が伴うものであり、人生の節目で大きな決断が伴うことが少なくないであろう。進路を選択していくことは、自分の将来をイメージしていくことでもある。自分の将来像、数年先あるいはもっと先の"こうありたい自分"を、懸命に努力すれば手の届くものとしてイメージしていくことができれば、その将来の自分の目標を達成するための進路選択はそれほど困難なものではなくなってくるのかもしれない

　不登校に限らず、青年期の様々な心理的な問題の解決においても、目標を見つけ、「もしかしたら……できるかもしれない」と自分の夢に本人が可能性を感じて動き始めるとしたならば、心理的問題への執着が軽減し、良い方向に動いていくことが期待できる[7]。筆者は思春期のリストカットに関わる教師への心理支援をSCの立場から報告をした時、教師が「見守る」ことについても論じたが[6]、青年期の心理的問題に関わるときに、このことを心理面接の軸とし、丁寧に取り組んでいくことの大切さを改めて自戒する。

　さらに、将来へのイメージ形成というのは、青年期前期に限らず、成人期以降にも重要なエネルギーになる。将来への目標を見つけ、それがうんと頑張れば手の届くところにあると、自らが感じられること、イメージできることが、能動的に動く力につながると筆者は考えている。

2　不登校経験を生かす

　本章では不登校の中学生の事例を提示し、不登校について進路イメージの観点から考察を行い、将来のイメージ形成が生きることにつながることを論じた。最後に不登校への心理支援に話題を戻すことにする。筆者は不登校経験を持つ大学生とゼミや講義、学生相談を通じて関わることがあるが、不登校経験を語れるようになるには時間がかかる例が多いという印象を受けている。繊細な思春期の時期に、皆と同じように学校に行けなかったことを人生のマイナスのように感じている例にも出会う。不登校経験があり、現在は大学生となって勉学に励んでいるある大学生が、筆者の担当する心理学系の講義で、以下のように綴ってくれたことがある。「当時は、学校なんて行く必要がないと本気で思っていた。しかし、今は猛烈に後悔をし

ている。何故なら、学校は何を学ぶかを学ぶところだからだ」と。筆者は当該学生が不登校経験を持っていたことを知らず、この自由課題を読み、衝撃を覚えた。当該学生の心の中には、まだおさまりきれない不登校体験であるが、彼の掴んだものは今後の生き方を動かしていくであろうと期待する。

一般的には、学校には毎日通うことが当たり前のはずであり、学校に通うということは、制限のある中での適応能力、自己をコントロールする力を身に着けていく訓練をしているという見方もできるであろう。一方、不登校は必要悪的な立場にあるのかもしれない。大切なことは、不登校で内省して得たものを、その後の人生にどのように意義のあるものとして影響を与えていくかである。不登校枠での入試を実施する学校においても、「過去は問わない。入学後に休まずに登校できること」を選考の要件と明言している例が少なくない。心理支援を行う者には、目の前の不登校に振り回され過ぎないように、将来の姿を明確に描けるように導いていく視点が必要である。

【注】
(1) 文部科学省ホームページ「平成26年度の不登校児童生徒数」2016年3月公表（http://www.e-stst.go.jo/SG1/estat/List.do?bid=000001069142&cycode=0)。
(2) 「朝日新聞」2016年3月9日付。

【引用文献】
[1] 福丸由佳（2005）「中学校における不登校の女子とのかかわり——スクールカウンセラーの橋渡し機能に注目して」心理臨床学研究　23（3）　327-337.
[2] 岩宮恵子（2012）「不登校事例をどう見立てるのか」臨床心理学　増刊第4号　106-111.
[3] 加茂聡・東條吉邦（2013）「発達障害に見られる不登校の実態と支援に関する研究——広汎性発達障害を中心に」自閉症スペクトラム研究　10　29-36.
[4] 川畑友二（2005）「思春期前期（11歳から15歳）の患者の治療で留意すべきこと」臨床心理学　5（3）　361-366.
[5] 黒沢幸子（2010）「親との信頼関係を築く」臨床心理学　10（6）　826-827.
[6] 松瀬留美子（2007）「リストカットを繰り返す中学生に関わる教師への支援——スクールカウンセラーの立場から」金城学院大学心理臨床相談室紀要　6　20-25.
[7] 松瀬留美子（2008）「思春期女子のとまどい——摂食障害、リストカットが出すサイン」『女性心理学』唯学書房　1-26.

[8] 松瀬留美子（2012）「高校生活適応を目標とした不登校中学校生徒への3年間の継続的支援」愛知県臨床心理士会学校臨床心理士活動報告書　76.
[9] 村田昌俊（2010）「不登校経験の子どもを持つ親からみたスクールカウンセラー」臨床心理学　10（4）　525-529.
[10] 森石加世子（2011）「母親の子どもからの分立のプロセス――不登校の中学生の母親面接を通して」心理臨床学研究　29（5）　598-609.
[11] 岡村裕美子（2012）「スクールカウンセリングにおける母親への個人心理療法の有効性」心理臨床学研究　30（5）　621-632.
[12] 斎藤万比古（2005）「思春期の病態理解」臨床心理学　5（3）　355-360.
[13] 横山富士男（2015）「自閉スペクトラム症と学校環境・不登校」臨床精神医学　44（1）　81-85.

第6章　子どもの情報・メディア利用と発達への影響を考える

八木　朋子

はじめに

　近年、子どもたちの生活には、テレビや漫画だけではなく、携帯用ゲーム機、パソコン、ケータイ（携帯電話）、スマホ（スマートフォン：多機能携帯電話）、タブレット（タッチパネル式の多機能携帯端末の総称）といった様々なメディアが急速に入ってきている [1, 2]。こうしたメディア（情報を伝える手段、あるいはそれを入れる「器」）は、子どもたちの生活に大きな影響を与えている。子どもたちはインターネットゲームで遊び、インターネットを介して友人関係を築いている。そして時に、トラブルに遭遇することもある [1, 3]。子どもたちのメディア利用が長時間なされるために、子どもたちの生活習慣を崩し、健康などに悪影響を与えていることも指摘されている [1]。

　現在の大人たちが子どもの頃にはなかったメディアを、子どもたちは日常的に利用している。様々な影響が懸念される中で、私たちはどのような教育、支援を行うべきかを考えた。

I　メディア利用における基本的能力
1　情報リテラシーとは

　メディアが多様化、複雑化する現代、子どもたちがメディアを正しく利用するための基本的な能力を習得することは喫緊の課題である。この基本的な「読み、書き、算盤」と並ぶ能力を指す概念として、「情報リテラシー」「コンピュータリテラシー」「メディアリテラシー」などが提案され、各国で研究されている。日本でも「情報活用能力」「情報活用の実践力」などが、独自に研究されている [1, 4]。

　情報リテラシーとは、狭義には、「主にコンピュータ（あるいはインターネット）を活用する技術や能力」を指す。広義には、「問題解決の時に必要となる、情報処

理能力全般」を指す概念である。つまり、広義の情報リテラシーは、「ある目的を達成するために、必要な情報にアクセスし、集めた情報を的確に評価し、効果的に伝達するという一連の情報処理過程に必要となる、総合的な情報処理能力」として捉えることができる。そして、これらの情報処理は、「批判的な思考方法によって、主体的に行われる必要がある」ということが強調されている [4]。

2　メディアリテラシーとは

メディアリテラシーとは、「メディアを社会的文脈でクリティカルに分析し、評価し、メディアにアクセスし、多様な形態でコミュニケーションを創りだす力」などと定義され、広義の情報リテラシーに近い概念であるとされている。情報機器のマルチメディア化の進展に伴い、メディアリテラシーと広義の情報リテラシーの境界線は、次第に明確ではなくなりつつある [4]。

3　情報活用能力とは

わが国では、情報リテラシーは「情報活用能力」と訳されることが多いが、高比良 [4] は、「情報活用の実践力」「情報の科学的な理解」「情報社会に参画する態度」の三つを合わせて発展させたものが「情報活用能力」であるとしている。

「情報活用の実践力」とは、「課題や目的に応じて情報手段を適切に活用することを含めて、必要な情報を主体的に収集・判断・表現・処理・創造し、受け手の状況などを踏まえて発信・伝達できる能力」とされ、高比良 [4] は、諸外国で研究されている「情報リテラシー」と、ほぼ同じ概念としている。

「情報の科学的な理解」とは、「情報活用の基礎となる情報手段の特性の理解と、情報を適切に扱ったり、自らの情報活用を評価・改善するための基礎的な理論や方法の理解」とされている [4]。

「情報社会に参画する態度」とは、「社会生活の中で情報や情報技術が果たしている役割や及ぼしている影響を理解し、情報モラルの必要性や情報に対する責任について考え、望ましい情報社会の創造に参画しようとする態度」とされている [4]。

したがって本研究では、「情報リテラシー」「情報活用の実践力」「情報の科学的な理解」「情報社会に参画する態度」を、総括して「情報活用能力」と捉え、子どもの情報活用能力の向上について考察する。

II メディアの子どもへの影響と教育

1 メディア利用の光と影

では、あらためて、なぜ子どもの情報活用能力を高める必要があるのか。Bandura [5] の研究に代表される、暴力映像をみた子どもが暴力行動を模倣するという、暴力映像のモデリング理論など、古くからテレビの子どもへの心理的影響が懸念されてきた。メディアの子どもへの影響は、テレビの影響から、テレビゲームの影響、インターネットの影響と、時代と共にその多様化が進んでいる [1, 4, 6, 7]。

情報活用能力を高めることは、多様化、複雑化するメディアの影響から子どもを守るために、必要不可欠な課題である。

藤川 [1] は、メディアの子どもへの影響は、インターネットゲーム依存など、メディアの不適切な長時間利用により生活習慣を崩す「生活習慣」に関する影響、インターネット上で悪意ある相手から被害に遭う「被害」に関する影響、インターネット上で誹謗中傷したり攻撃をしたりする「加害」に関する影響の三つに分けて考える必要があるとしている。

一方で子どものインターネット利用は、負の側面ばかりではない。近年、タブレットによる学習への効果が期待されている。中川 [8] はICT（情報通信技術：Information and Communication Technology）活用により、①学習への意欲・関心の拡充、②知識の定着・理解の補完、③技能の習得、④思考の深化・拡大ができる学習場面があるとしている。

他にも、タブレットによる学習は、例えば、読みに困難を抱える子どもが、文字を拡大したり、音声化したりできる機能によって理解が促進されるなど、学習につまずきのある子どもたちの可能性を引き出すことにも役立っている [9]。

メディアの子どもへの影響は重大な問題であるが、子どもにインターネットを全く利用させないという選択肢は現実的ではない。必要なことは、メディア利用の長所と短所をよく把握し、適切につき合う能力を高める教育の充実である。

2 メディア教育の実践

子どものメディア利用は、親のメディア利用の影響が強いことから [7]、子どもの不適切な利用の予防は、親や周囲の大人たちが正しい意識を持つこと、大学生への教育も必要である。

筆者は、大学生への授業で、学生自身のメディアとのつき合い方を考える機会を

図 6-1　スライドの例　　　　　　図 6-2　紙芝居の例

持つようにしている。「子どもの頃からのメディアとのつき合い方、および現在の考え、将来の子どもたちのために提案すること」を、自由に記述させた。

　ここでのメディアとは、①映像メディア（テレビ、映画など）、②テレビゲーム（インターネット利用も含む）、③ケータイ・スマートフォン（インターネット利用も含む）、④パソコン（インターネット利用も含む）、⑤紙メディア（本、新聞、雑誌など）、である。インターネットをどのように利用しているかは、各家庭や個人の環境によって様々である。それらのことも含めて、何歳頃から、どのように利用しているか、テレビ番組や映像作品、文学作品などで、子どもの頃に影響を受けたもの、好きだったものなどを、想起させた。そして、現在の考えと、将来、子どもたちのために提案することなどを考え、まとめさせた。

　プレゼンテーションソフト（Microsoft PowerPointなど）を使用できる設備がある場合は、同じテーマでスライド（図6-1）を作成、発表させると良い。これは特に、「発信・伝達できる能力」[4]を高めることが期待できると考える。また、他のクラスメイトのメディア利用をお互いに知ることができ、いずれも学習になる。設備がない場合、スライドの代わりに紙芝居（図6-2）を作成、発表させても良いと考える。

　自身のメディア利用について考えを整理することは、不適切な利用の予防になる。この方法は大学生のみならず、幅広い年齢を対象とした教育に適用できる。

Ⅲ　事例

1　学生Aの記述

　次の文章は、前述の「子どもの頃からのメディアとのつき合い方、および現在の

第6章　子どもの情報・メディア利用と発達への影響を考える

考え、将来の子どもたちのために提案すること」をテーマとした、女子学生A（B短期大学保育学科1年生）の自由記述である。プライバシーを保護して紹介するという了解を得たものである。

［学生Aの記述］

「将来の子どもには本をたくさん読ませてあげたいと思います。そして小さい頃には、たくさん本を読んであげたいと思っています。（中略）

　私の小さい頃は本をたくさん読んでいました。性格は明るい方でした。ですが、両親が共働きであるために、一人でのお留守番が多かったです。お留守番はとても寂しかったことを覚えています。妹もいましたが、妹たちは保育園です。小学校から帰るといつも一人ぼっちでした。でも父親は土日によく図書館へ連れていってくれました。平日は仕事で忙しくしているため、私が寂しい思いをしているだろうと連れていってくれました。

　父親の運転する車に乗って妹と出かけました。たくさんの本の置いてある図書館はとても魅力的でした。妹たちの好きな絵本。私の好きな小説や伝記などたくさんの本が置いてあります。特に記憶に残っているのが、ビデオが借りられるところです。中身は『日本昔話』でした。種類が豊富で毎週本を借りに行く時は一本ビデオを借りていた記憶があります。

　たくさんの本を借りた週のお留守番は寂しくなかったのを覚えています。母親と『本を読むのは宿題が終わってから』と約束していたので、学校から帰るとまず宿題を済ませました。母親が家事をしている間、小さな妹には絵本を読んであげた覚えもあります。小学生の時は図書館で借りた本のおかげで、お留守番が寂しくなくなったように思えました。

　大きくなった今でも、妹も私も本が好きです。いまだに暇な土日には図書館へ本を借りに行きます。家には漫画も含め本が200冊以上はあります。今では母親も一緒に漫画を読むようになりました。

　もちろん今でも、母親と父親ともに仲良しです。家族とのコミュニケーション不足ではないと思います。本はたくさん読んできましたが、両親は私たちといる時間もとても大切にしてくれていたのです。部屋で本を読むばかりでなく、外出もしました。公園・レジャー施設・キャンプなどとても充実していました。両親と外へ出かけた時はいろいろな経験ができて楽しかったです。

本を読んでいいことがあるのはお留守番が寂しくなくなっただけではありません。本を読むことで、知識が豊富になることもあると思います。語彙が増えるし、感情の表し方も含め、勉強になると思います。

今の子どもは夢がとても現実的です。公務員になりたいとか、安定を求めるものが多いように感じました。小さい頃はもっと非現実的な夢を持ってもいいと思うのです。それは絵本の中のキャラクターになりたいとか、そんな夢を持ってほしいと思います。

図書館に連れていってもらったり、一人の時間は本を読んだりといろいろなことを経験しました。そんないろいろな経験を子どもにもさせてあげたいと思います。私も経験をした、家に帰ると一人ぼっちで寂しいと思うことはない方がいいのだと思います。寂しいという気持ちも経験だと思います。ですが、もしそんな寂しい気持ちにさせてしまった時は、私の両親もそうだったように、時間ができた時には子どもとの時間を大切にしてあげたいと思っています」

2 学生Aの情報活用能力

上記のようにAは、子ども時代のメディア利用の主なエピソードとして、家族との図書館活用について記述していた。筆者は、メディアをテーマとした授業では、最終回で図書館と紙メディアの活用について講義している。Aがこの記述を提出したのは、第2回目の授業後であった。初回の授業で、前述の課題を予告した翌週である。つまりAの記述は、講義を聴いて高評価を得るために書いたものではなく、課題を即座に理解し、一週間でAの子ども時代の体験を通して私見を述べたものである。Aは他の科目でも優秀なレポートを提出していると、担任教員も証言している。藤田[10]は、「図書館活用は情報リテラシー教育に役立つ」と述べていることから、筆者は、Aは子ども時代からの図書館活用によって、優れた情報活用能力を身につけたのではないかと考えた。

Ⅳ 考察

1 子どもの情報活用能力を高めるために

藤田[10]は、図書館活用が情報リテラシー教育に役立つ理由として、①図書館には、たくさんの種類の情報や資料が収集され、整理・保存されていること。②それらを探すための所蔵目録や、レファレンス資料が豊富にあること。③そうした情報

第 6 章　子どもの情報・メディア利用と発達への影響を考える　　　　83

の探し方や、整理の仕方に精通した図書館員が支援してくれることを挙げ、図書館で、情報の幅広い世界を知り、的確に利用できるようになれば、インターネット情報を含む、様々な情報をその中に位置づけることができ、その探索や入手も容易になり、信頼性も判断できるようになる。インターネット情報だけみていては、情報世界全体の基本地図を頭の中に描くことはできないと述べている。

　つまり、インターネットの世界は、情報が網の目のように縦横無尽につながり、機器の簡単な操作によって、眼前の画面に情報が現れる。情報収集が容易にできること、それにより学習への意欲、情報への関心が高まることが期待できる[4, 8]という利点があるが、インターネット情報は、どのような情報も同じ画面に現れては消えていく。高比良[4]は、インターネット利用による情報活用能力の向上について研究し、目的を明確にしてインターネットを利用することが重要であると述べ、ただ漠然とインターネットを利用しても、情報活用能力の向上に十分な効果は上がらない場合が多いと述べている。一方、図書館では、自らの身体を使って、本棚の並ぶ通路を歩き、本（情報）を探し、時には専門家に質問をする。時間はかかるが、自らが知りたい情報を整理し、他者に発信し、相手の答えを理解しようとする体験ができる。様々な情報が並ぶ本棚と、その本棚が並ぶ館内に身を置くという体験が、「情報世界全体の基本地図を頭の中に描く」手助けになると考える。

　また、近年の図書館は、蔵書のインターネット検索システムが整備されている[10]。蔵書検索という明確な目的でインターネットを利用し、本を探すことによって、インターネットの利点と図書館の利点をバランスよく学ぶことが可能であると考える。そして、前述のAも述べていたように、ビデオなど映像メディアを閲覧、貸し出す図書館も多い。本だけではなく、様々な種類のメディアに触れることができる。さらに、図書館は利用する際、貸出期限を守ることや、本を大切に扱うなどのマナーも身につけられる。図書館活用は、前述の「情報活用の実践力」「情報の科学的理解」「情報社会に参画する態度」[4]という、総合的な情報活用能力を高める教育に役立つと考えられる。

　他にも、本などの紙メディアは、その中にどのような情報が載っているのかを、インターネットよりも把握しやすい。紙メディアの情報世界は、すべて紙の上にあるからである。親は子どもが接触した本（情報）の内容を、子どもが接触したインターネット情報よりも容易に知ることができる。親子での図書館活用は、メディアの悪影響から子どもを守りやすい時間が増えるという意味でも有益であると考える。

2　メディアの特性を把握する

　樋口[11]は、インターネット依存症の治療において行動記録シートを使用している。利用者の一日の行動、インターネット閲覧時間、閲覧内容、感想などをシート（紙）に記述する方法で、利用者は自らの行動を、紙に手書きし、可視化し、客観視して情報を整理することにより、インターネット依存症の改善が期待できるとされている。奥村[12]も禁煙治療を通して、「書く」運動系の刺激が脳に達成感を与えること、「手書き」によって脳が書いたことを強く認識し、生活習慣を改善しやすくなると述べている。

　また赤堀[13]は、紙、パソコン、タブレットの学習活動について実験し、メディアをブレンドして使うことが必要であるとした。大学生を対象に、「文章入力が速い順番」「入力した文章を思い出しやすい順番」「全体的に退屈しにくい順番」「全体的に学習したと実感しやすい順番」などについて、紙、パソコン、タブレットの、やりやすいと感じる順番を調査した。評価結果は、「文章入力が速い順番」は、①パソコン、②紙、③タブレットの順であった。「入力した文章を思い出しやすい順番」は、①紙、②パソコン、③タブレットの順であった。「全体的に退屈しにくい順番」は、①タブレット、②パソコン、③紙の順であった。「全体的に学習したと実感しやすい順番」は、①紙、②パソコン、③タブレットの順であった[13]。

　どのメディアが利用しやすいかは個人差もあるが、この実験によって、私たちは一つのメディアに頼るのではなく、様々なメディアの特性を把握し、自らの目的に応じて利用する必要があることがわかる。

3　メディア利用と家族関係

　前述のAの記述には、家族と図書館へ行った思い出を通して、両親が共働きで「平日は仕事で忙しくしているため、私が寂しい思いをしているだろうと」考え、休日は父親が図書館へ連れていってくれたのではないかという、両親への気遣いと感謝、彼女なりの子ども時代についての整理、理解が感じられた。自身の留守番が寂しかったという経験から、子どもにとって「家に帰ると一人ぼっちで寂しいと思うことはない方がいい」とした上で、「寂しいという気持ちも経験」であるという、正と負、両面の価値を見出している。本を読むことで、「知識が豊富になる」「語彙が増える」「感情の表し方も含め、勉強になる」「（子どもが小さい頃は）絵本の中のキャラクターになりたいとか、そんな夢を持ってほしい」など、Aは読書を通し

て、豊かな価値観を育んだのではないかと考えた。

　またＡの両親も、平日は仕事で忙しい姿をみせながらも、休日は娘たちとの時間を大切にしている。Ａの生活には、休日の図書館活用を通して家族とのコミュニケーションを深め、両親が忙しい平日は、図書館で借りた本を読むという、リズムがつくられていたと考える。一人の読書の時間も、家族とのコミュニケーションの延長にある。その安定した生活リズムが、Ａの豊かな価値観の成長を促したのではないかと考えた。

　そしてＡの母親は、ただＡの好きなように本を読ませるのではなく、「本を読むのは宿題が終わってから」というルールをつくり、Ａはそのルールを守って読書をしていたことを思い出している。藤川[1]は、子どものメディア利用は、親子でルールをつくり、コミュニケーションを深めることが重要であると述べている。Ａの両親の教育は、Ａの情報活用能力を高めるために理想的であったと考える。

　メディア利用は、それぞれの家庭環境によって当然、違いがある。テレビ、パソコンなど機器の台数、リビングや子ども部屋など家の間取りや生活動線、習いごとや学習塾、親の仕事の時間、それぞれの家庭に合わせて、必要なメディアを有効に利用してほしい。そのためには、利用時間や利用料金の制限だけではなく、なぜそのメディアが必要であるのか、どのように利用するのか、家族で話し合い、親子でルールをつくり、紙に書き出すと良いと考える。また、子どもの性格によって、あまり細かく指示をしなくてもできる子、すぐにルールをやぶってしまう子、目につきやすい場所に貼り紙をしたほうが良い子、契約書のような書き方をしたほうが良い子など様々であり、各家庭で工夫が求められる。藤川[1]は、子どもがルールを守れない場合、「ルール違反１回でイエローカード、２回でレッドカードで１週間利用禁止」などの罰則を定め、親があまり感情的にならないように、子どものメディア利用を止める方法を推奨している。

　メディアがどのように変化しても、家族で話し合い、コミュニケーションをとること。一番大切なことは、何も変わらないのである。インターネット時代であるからこそ、図書館や紙メディアの活用、メディアの特性を家族でよく把握して利用することは、子どもの発達に重要な役割を持つと考える。

おわりに

　本研究は、多機能メディアを否定するものではない。情報社会は、日々絶え間なく進化している。現在の情報社会、情報機器に精通していても、数年後の先はどうなっているのか、誰にもわからない。様々なメディアの特性、長所と短所を把握し、自らの目的に応じて利用できる能力、家族とのコミュニケーションが、いっそう重要になってくるだろう。これからも多くの子どもたちに情報活用能力を磨き、社会生活を楽しめる大人へ成長してもらいたい。そして、我々大人たちも情報活用能力を磨かなくてはならない。今後も継続した調査研究が求められる。

【引用文献】
[1] 藤川大祐・塩田真吾（2008）『楽しく学ぶメディアリテラシー授業——ネット・ケータイ、ゲーム、テレビとの正しいつきあい方』学事出版
[2] 今津孝次郎・金城学院中学校 高等学校（2013）『先生・保護者のためのケータイ・スマホ・ネット教育のすすめ——『賢い管理者』となるために』学事出版
[3] 矢野直明・サイバーリテラシー研究所（2007）『子どもと親と教師のためのサイバーリテラシー——ネット社会で身につける正しい判断力』合同出版
[4] 高比良美詠子（2003）「インターネットと情報活用能力」坂元章（編）『メディアと人間の発達——テレビ、テレビゲーム、インターネット、そしてロボットの心理的影響』学文社　130-148.
[5] Bandura, A., Ross, D., & Ross, S. A. (1963) Imitation of film-mediated aggressive models. *Journal of Abnormal and Social Psychology,* 66 (1), 3-11.
[6] 坂元章（2004）『テレビゲームと子どもの心——子どもたちは凶暴化していくのか？』メタモル出版
[7] 向田久美子（2003）「メディアと乳幼児」坂元章（編）『メディアと人間の発達——テレビ、テレビゲーム、インターネット、そしてロボットの心理的影響』学文社　2-22.
[8] 中川一史（2014）「ICTによる教育の可能性と留意点」教育と医学の会（編）『教育と医学』第62巻9号　通巻735号　慶応義塾大学出版会　66-71.
[9] 中邑賢龍・近藤武夫（2013）『タブレットPC・スマホ時代の子どもの教育——学習につまずきのある子どもたちの可能性を引き出し、未来の子どもを育てる』明治図書
[10] 藤田節子（2011）『図書館活用術　新訂第3版——情報リテラシーを身につけるために』日外アソシエーツ
[11] 樋口進（2013）『ネット依存症のことがよくわかる本』講談社
[12] 奥村歩（2011）『脳神経外科医が教える「続ける・やめる」は脳でコントロールでき

る!』青春出版社
［13］赤堀侃司（2014）『タブレットは紙に勝てるのか——タブレット時代の教育』ジャムハウス

第7章　子どものSNSトラブル事例からみえてきたもの
——SNSというモノローグの世界について

伊藤 佐枝子

はじめに

　近年、ネット社会と言われるようになり、インターネットを使った双方向のコミュニケーションツール Social Networking Service（SNS）が急速に普及し、小学生から高齢者まで幅広い年齢層に気軽に利用されている現状がある。一方でリベンジポルノ、ID 乗っ取り、LINE いじめ、肖像権・著作権の侵害、誹謗中傷など様々な SNS トラブル事例が小学生からすでに発生しており、小・中・高ばかりか大学、専門学校まで教員がその対応に苦慮している現実がある。しかし教員はインターネットの専門家ではなく（むろん教育の専門家ではあるが）、むしろ子どもの方が SNS ツールの操作には詳しい状態である。よって子どもやその親から、SNS トラブルを相談されても、まずその SNS の操作法を子どもに習っている状態であり、十分な対応策が取られているとは必ずしもいえない状況にある。

　総務省情報通信政策研究所[1]の調査によると、「パソコン」や「スマートフォン」で、「書き込むことがある」「見るだけ」を合わせた SNS の利用率は小学生が 11.6％、中学生が 42.6％であるのに対し、高校生が 82.8％、大学生 93.1％、社会人 85.4％と高校生以上で急激に高まっている。

　このうち、利用している SNS は、高校生・大学生では Twitter が最も利用率が高く（高校生 64.6％、大学生 72.5％、社会人 50.4％）、次いで LINE（高校生 47.1％、大学生 62.4％、社会人 52.1％）、Facebook（高校生 35.4％、大学生 57.3％、社会人 61.1％）の順であり、その他 mixi、Mobage、GREE、Google+ などがある。これらの SNS を利用する理由・目的は「友達や知り合いとコミュニケーションをとるため」「ひまつぶしのため」が6割台を占め、「友だちの近況を知るため」「情報収集のため」が4割を占めていた。さらにこれらの SNS の利用について悩んだり、負担を感じることがある人の割合は 56.9％と過半数を占め、性別で見ると女性の方が男性に比

べ悩んだり、負担に感じることがある割合が高かった[2]。

このような中で、小野・斎藤[3]は近年、携帯やEメール、インターネット上の掲示板などを媒介とした「サイバー型いじめ」が増加していることを指摘している。

2013年の群馬県高校生アイスケースTwitter事件、2014年に起こったFacebookでのトラブルに端を発した三鷹市女子高生殺人事件などのSNSトラブルが犯罪行為にまで発展した例が話題となり、現在、各学校ではSNSトラブルを防ぐための教育がなされている。看護系学校でも2013年に岐阜市で看護学生が臓器の画像をTwitterに流す事件を起こしており、これがきっかけとなり各看護系学校に日本看護学校協議会共済会発行の『SNSにおける個人情報取り扱いガイドブック』[4]が配布され、SNS教育がなされている状況である。ご存じのとおり看護師には厳しい倫理規定・守秘義務があり、このことは病院に実習に行く看護学生も例外ではなく、知り得た患者の個人情報について守秘義務がある。このような中で看護学生の起こしたSNSトラブル事例から見えてきたものと、現代の子どものSNS依存に至る事情、モノローグの病理について考察していく。

I　事例

1　看護学生が起こしたSNSトラブル事例

SNSトラブルについて研究をする中で、看護系学校の学生が起こしたSNSトラブル事例について、筆者が担任教員より相談を受けた事例である。なお、この事例については、事例と本人・関係者のプライバシー保護のため、提示事例の本質を損なわないことを念頭に置きながら、大幅に加工・修正を施し、ほぼ「架空」の事例に近くなっている。万が一、似たような状況があるのなら、それは単なる偶然の一致に過ぎない。

［事例の概要］

W県内のA看護系専門学校（以下A校とする）の女子学生Bの事例である。Bが学校、教職員、実習先病院指導者への誹謗中傷をSNSツールの1つであるTwitterにて行った事例である。

事件の発覚は、A校の学生Cより担任教員に、「Twitterで実習のことについて病んだつぶやきをしている子がいる」との情報提供があり、Cのスマートフォンの

Twitter画面で問題画像の確認後に、担任教員がパソコンによりGoogleで再度検索したところ、ヒットしたことから発覚した。ここでGoogle検索した理由は、担任教員はTwitterを利用したことがなくアカウントを持っておらず操作方法がわからなかったからであり、総合検索サイトの一つであるGoogleで検索し確認しただけにすぎない。

Bのツイート数は約9,000にものぼり、全ての内容が確認できたわけではないが、内容は全て公開設定でつぶやかれており、全世界のインターネットユーザーが閲覧できる状態にあった。内容は、主に友人との遊び、授業・実習に対する不満が多くを占め、中にはBの本名、学校名、教職員名、授業名、実習病院に関する内容が記載されていた。

具体的な内容の一部を以下に示す。

「ね〜最悪なんなの発表資料って、なんでこんなにしっかりやらんといかんの」

「あーあ。D（同級生の愛称）と一緒のグループが良かったな。E（病院名）だなんて……」

「また！　また!?　F（教員名）!?　まじ!?」

「ねーどうしよう、G（領域名）の指導者がBにだけ厳しくてご飯食べられなくなっちゃった。これで拒食症とかになったら労災で訴えられるのかなwww」

「なんであんなにH（教員名）は怒ってきたのか、間違ってないと思ったので言い返しましたが」

「評価権握ってるからってあんまり脅さないでほしいパワハラ」

「実習つらすぎます。話が通じない先生はマジ勘弁」

「この人の授業じまんばっかやん。おばばのにおいがする」

「B（フルネーム）は今からポテチをたべますw」

その他、学校内で同級生と撮った写真の掲載がみられた。

その後、Bを呼び出し、Twitter画面での一連の発言をプリントアウトしたものを見せ、Bの書いたものであるか確認したところ、認めたため発覚した。

2　本事例の問題点

プロフィールに学校名が書かれていること、またツイート内容中に自分の名前をつぶやいていることから、A校の学生であるBであることが簡単に特定できた。また実際の病院名、教員名をそのまま書いていたり、そのまま書かなくともツイー

第7章 子どものSNSトラブル事例からみえてきたもの　　　91

トしている時期と内容から、わかる人が見れば教員、実習病院、指導者が特定できる状態であった。さらに学校内の教室、同級生の写真を許可なく無断で掲載していた。

　これらは誹謗中傷、名誉棄損、肖像権侵害であり、さらに公開設定にしてあることで、誰もが閲覧しコピーできる状態にあり、情報の拡散を防ぐことができない状態であった。また表現が品行方正さに欠けており、"もし書かれた相手側が目にした時、どのような気持ちになるか"という視点での共感性に欠けること、つまり倫理性感受性に欠ける点が問題であると考える。

3　事例発覚後の対応

(1) 面談1回目

　担任教員、教務主任とでBとの面談を行った。面談当初、Bは「ちょっとグチってただけなのに……」と言い、実習で疲れていたこと、Bが受持ち患者にカルテに書かれた内容を伝えたことで患者からのクレームとして発覚し、そのことで指導者・担当教員から注意を受けたことに納得がいかなかったことを主張した。また、この件について同じ実習グループの学生からも批判され、慰めが得られず辛かったことを主張した。

　看護学生はそもそも医療従事者ではなく無資格者でありカルテを自由に閲覧できる立場ではないこと、しかし受け持ち患者のカルテ情報は実習上必要であるから見ることが許されただけであること、患者のカルテ情報は患者のものであることを指摘した上で、もし自分が入院していて看護学生にカルテの情報を元に何かを言われた際にどのような気持ちになるかを想像させたところ、「それはちょっと嫌かも……」と言い下を向き黙りこくった。

　またBに、書き込んだ内容が公開設定であることを知っていたか確認したところ、「知ってる。最初は非公開設定だったけど、それだとリツイート（TwitterでBの記事を読んだ人が拡散できる機能）できないから公開設定にした」と答え、自分の書いた記事が公開設定で拡散されることを理解したうえで書き込んでいたことが明らかになった。

　また他に記載された内容が、学校の名前、教員の名前、実習施設の名前が載っていること、また内容はネガティブなものが多く、事実をふまえない一方的な書き込みであることを指摘した。

特に実習についてのネガティブな書き込みについては、読む人が読めば実習先も指導者も教員も特定できることから、これらの内容を不特定多数に発信することについてどう思うか尋ねたところ、これから実習に行く学生としての立場から「実習をやりたくなくなる」と答えた。Bが書いた内容は、陰で人の悪口を言っているのと同じで、言われた方は非常に傷つき嫌な思いをすることを指摘した上で、自分がTwitterで逆の立場になったときのことを問うと、「嫌です」と答えた。不特定多数に発信された立場になったときの意味は理解しているようであったが、言われた相手の気持ちになって考える共感性をふまえた発言はみられなかった。Bに「自分がされたら嫌なことをなぜしたのか」を問うと、「その時は疲れてたし、怒られて嫌な気持ちになったから」と答え、自分がなぜ怒られたのかの理解が不足しており、自分が怒られて嫌な気持ちになり、同じ実習メンバーからの慰めも得られず、誰かからの慰めがほしくてTwitter上で発言していたことが明らかになった。
　問題のTwitter記事については、学校のネットワーク管理者に相談したところ、一度Twitterに公開設定で書き込んだものはインターネット上にキャッシュが残り、書き込んだデータの削除、Bのアカウントを削除しても、インターネットで検索しキャッシュを見れば閲覧可能な状態のまま残っている。現時点でのインターネット上の情報の拡散についての学校としての対処はこれが限界であり、可能な対処法は他にない状態であった。

（2）面談2回目
　担任教員、教務主任とで、本人が書いた事件の一連の経緯についてのレポートを元に再度面談を行った。
　本件について親に説明したかを確認したところ、「（母親からは）『こんなことで、もし処分を受けたら困る』と泣かれてしまった。お母さんに悪いことをしてしまった」、との発言があった（その後教務主任宛にBの母親から電話があり、「こんなことで処分を受けるのか、学校の対応が厳しすぎる」との意見であった。本件は学校、教職員、実習病院に対する誹謗中傷であり、「こんなこと」ではなく、違法行為であることを親に伝えた）。
　Bには、「悪いこと」をしたと反省する相手はBの親ではなく、誹謗中傷した相手（教職員、実習病院指導者）であることを履き違えないこと、本件は学校の懲戒規定に則り審議の上で処分を決定することを伝えた。

Bより、「反省文を提出したのに!?」との発言が聞かれたが、反省文ではなく事件の経緯とBの考えを知るためにレポートを課したことを説明し、たとえ学生であっても違法なことをすれば処罰の対象となることを説明した。その後、学則に則り懲戒処分として7日間の停学処分が決定した。

(3) 面談3回目(停学後)

懲戒処分後に、3回目の面談を行った。Bは泣きながら、停学処分により授業に出られないことで単位を落とす可能性、それにより奨学金が停止されることで就職活動に影響が出たらどうしようかとずっと悩んでいたこと、また停学処分を受けたことで自分が処罰の対象となるような過ちを犯したことを身をもって感じたこと、以前に学校で配布されたSNS取扱いの冊子を読み直し自分が法を犯していたことを反省したとの発言があった。処罰を受けることで、ようやく事の重大さが理解できたようであり、「今後は人を傷つけないように生きていきたい」との発言があった。

4　本事例学生Bの心理

当初はTwitterに誹謗中傷の書き込みをしたことについて、「みんなやってる」「ちょっとグチっただけなのに」と事の重大さが全く理解できていないようであった。実習で思ったように上手くいかず、患者からのクレーム、病院指導者・教員から叱られ、また同じ実習メンバーからも非難され慰めの言葉を得られなかったことから、自己愛[1]が傷つき、慰めの言葉を得て誰かに認めてもらいたいという承認欲求[2]が働き、SNSへの書き込みにつながったと考えられる。

II　子どもがSNSに依存する要因

なぜこのように、子どもはSNSにハマってしまったのだろうか。

SNS上にはいつも無数の意見、批判、見解が渦巻いているので、探そうと思えば必ず自分の考えに近いものがみつかる。特にTwitterやFacebookでは「リツイート機能」や「♡」「いいね！」というボタンのクリックが、自分もその意見に賛成しているという意思表明となり、それを受け取った側には「自分が受け入れられた」と感じることにつながり、安易に承認欲求が満たされることにつながる。

実際には「ただ見たから」「つながっている人だから」「自分も『♡』『いいね！』や『リツイート』してもらいたいから」と言う返報性を期待した意味のない承認であったとしても、受け取った相手にとってみれば、「♡」「いいね！」やリツイートの数により、自分の意見が広く受けいれられたと思ってしまう。これにより承認欲求が満たされる快感を一時的に得ることで、現実世界で辛いことがあった際に、ネット上のバーチャルな世界で認められる、しかもつながっている人の中には顔見知りの友人もいることで、自分は孤独ではない、誰かに受け入れられていると思うことができる。そのため、「♡」「いいね！」やリツイートの数を得るために、見た人が思わず目を留めて反応してしまうような、過激な表現へとエスカレートしやすい。そうこうしているうちに、自分の書き込んだ内容の重大さを考えずに気軽に思ったことを全世界に発信してしまうことに慣れ、それが悪いことであることを知識としては知っていても「ばれなければいいや」「みんなやっている」と思い、やってしまう。このような見通しの甘さ、短絡的な快楽思考がSNSトラブルにつながっていると考えられる。

　数あるSNSのうち、Twitterは学生に最も使用率の高いSNSである。この理由として、承認欲求の高い学生にとって、LINEで「既読無視」されたり、Facebookで「いいね！」がされずコメントが書き込まれないことは、「自分が相手にされていない」「無視された」など、相手からの否認として捉えられ、自己愛が傷つき自己否定につながる可能性が高い。

　一方、Twitterであれば、つぶやきへの反応として返信、リツイート機能、「♡」があるものの、FacebookやLINEに比べ、自分の発言について他者からの反応がないことが一般的であり、反応がなくとも自己否定や自己愛が傷つくことにつながりにくい。

　他のSNSとしては「2ちゃんねる」があるが、こちらは匿名性が高く、犯罪等に使われた経緯などアンダーグラウンドなイメージがあり、インターネットの知識が高くない学生にとっては危険で手を出しにくいツールであると考えられる。相手が誰だか特定できないばかりか、発言が不用意なものであった場合に自分が攻撃されてしまう可能性がある。それ故に、大学生の間で日常的に使うSNSとしてはTwitterが好まれていると考えられる。

Ⅲ　SNS 依存に子どもが陥らないために――モノローグからダイアローグへ

　現在女子高生の 4 割以上が 1 日 7 時間以上「スマートフォンや携帯電話を使っている」という実態が民間会社の調査により明らかとなった（デジタルアーツ）[5]。このうち 9.7％が 1 日 15 時間以上使用しており依存状態にあると言える。男子高生の 87.4％、女子高生の 94.2％が LINE を利用しており、女子高生の 84.5％が Twitter を、次いで 35.0％が Instagram を利用しているという実態が明らかとなった。

　このような SNS での発言は、他者の意見を聞くというよりも自分の意見を発信して、Bräten, S. の「他者を受動的な存在としてみなすモノローグ（独白）の状態」[6] と同じである。このことについて斎藤[7] は対人関係に着目すれば、モノローグは他者から「釈明」という手段を奪うことによって相手を沈黙させてしまうものであるとしている。他方で、精神内界に着目しても、モノローグは他者のイメージ（Bräten, S.[6] のいう「仮想他者」）を、自分の内なる声をおうむ返ししたり承認したりするだけの位置に押しとどめるものであるとしている。

　SNS での発言により、他者に一方的に自分の意見を押しつけ、他者からの意見は「♡」や「いいね！」の数として捉え、これにより自分を受け入れてもらったと判断し、自分が傷つかないようモノローグの世界に引きこもることは、他者とつながってはいるものの真に心の交流が図れているとはいえず、互いに一方通行的なコミュニケーションであるといえる。このことについて斎藤[7] は、モノローグではそれぞれが自分の理解に頑なにしがみつこうとするので、誰ひとりとして他者の言葉に真摯に応答したり耳を傾けようとはしなくなる、と述べている。そこからは真の自己理解、他者理解は生まれない。

　SNS により「他者とつながりたい」という気持ちの奥底には、「自分を理解して受け入れてほしい」という気持ちがある。しかしモノローグ的な語りについて Bakhtin[8] は、相手の思考や行動を支配し、相手に自分の発した意見を認めさせて、その発話が相手自身の発話であることを要求する閉ざされたものであるとしている。さらに対話主義を唱え、「言語にとって（すなわち人間にとって）応答の欠如ほど恐ろしいものはない」と指摘している。

　私たちは誰しも、モノローグを脱して人とつながり互いの存在を認め合うダイアローグ（対話）を志向する存在である。ダイアローグ（対話）においては、人々が

語ることに対して耳を澄ますことはもちろん、それ以上に対話の行間に見え隠れする感情や感覚のやり取りに注意を向けながら、言葉や意味を生み出し、その中で「意味」は互いに応じながら生成し、変化する。そのような中で、自分自身の体験を物語として捉えるナラティブが変化していくのである。

　このことについてSeikkula, J. & Arnkil, T. E.[9]は「対話」であることは、話し手が絶えずそこにいる相手や社会的（地理的）文脈に合わせながら、そしてやり取りの中で応答してくる言葉を組み込みながら、自分の周囲の社会という場につながっていることである、としている。そこでお互いが人と人として出会い、語り合っている事柄についての新たな言葉を生み出し、語り手たちは自らの社会的意味や社会的アイデンティティを作り出していくのである。

　SNSは手軽に情報を発信するツールとして大変便利なものであるが、そこには対面で得られるほどの人と人とのつながりはない。この点を踏まえ、教育現場としては、SNSはあくまで情報発信ツールであること、自分が発した情報を相手が自分と同じような解釈をするとは限らない、一方向的なものであるという構造についての十分な理解を促した上で利用するものであることを強調する必要がある。人と人とのつながり、誰かに自分の存在を認めてもらい自らの社会的意味や社会的アイデンティティを作り出すためにはまず対話することが必要不可欠である。そして対話することにより私たちは互いに理解し合い、認め合う関係となることができる。

おわりに

　今や私たちの生活においてインターネットは身近なツールであり、特に子どもたちは生まれた時からインターネットのある生活をしており、SNSを用いて身近な人だけでなく世界中の人とコンタクトをとることが可能な世界に生きている。すでにそれらが在ることが前提の中で生きており、なかったことにし使わずに生きていくことは現実的ではない。いかにしてSNSに振り回されずに、現実の自分とSNS上に存在する自分とをうまく使い分けていくかを考える必要がある。

　SNSは情報を発信し他者と簡便にコンタクトを取り、新たな仲間を作ることができるという便利な機能を持つ一方で、他者からの反応に一喜一憂しSNS依存に陥ったり、他者からの承認を得るために表現がエスカレートしトラブルに発展しやすいという負の側面を持つ。

また、SNS上での発信はモノローグの世界に陥りやすく、そこにはダイアローグ（対話）で得られるほどのつながりはない。ダイアローグ（対話）により、人と出会い語り合う関わりを通して、言葉として表現されたメッセージだけでなく非言語的なメッセージやニュアンス・態度から互いの思いを理解し、認め合うことで、自らの社会的意味や社会的アイデンティティが形成されていくことを子どもたちに伝えていく必要がある。

【注】
(1) 自己愛：ナルシシズム、自己陶酔。これが高く自尊心が低いと、否定・批判に弱く、他者からの指摘を極度に嫌うと言われている。
(2) 承認欲求：他人から認められたいという気持ち

【引用文献】
[1] 総務省情報通信政策研究所（2013）「青少年のインターネット利用と依存傾向に関する調査 調査結果報告書」(http://www.soumu.go.jp/iicp/chousakenkyu/data/research/survey/telecom/2013/internet-addiction.pdf、2016年3月7日アクセス)
[2] 総務省（2015）「社会課題解決のための新たなICTサービス・技術への人々の意識に関する調査研究」『平成27年版情報通信白書』(http://www.soumu.go.jp/johotsusintokei/whitepaper/ja/h27/html/nc242220.html、2016年3月7日アクセス)
[3] 小野淳・斎藤富由起（2008）「『サイバー型いじめ』(Cyber Bullying) の理解と対応に関する教育心理学展望」千里金蘭大学紀要 35-47.
[4] 吉岡譲治（2014）『SNSにおける個人情報取り扱いガイドブック』日本看護学校協議会共済会
[5] デジタルアーツ（2015）「未成年の携帯電話・スマートフォン利用実態調査」(http://www.daj.jp/company/release/2015/0209_01/html、2016年6月17日アクセス)
[6] Bräten, S. (1988) Between dialogical mind and monological reason: Postulating the virtual other. In M. Campanella (Ed.), *Between, Rationality and Cognition*, Turin, Albert Meynier, 205-235.
[7] 斎藤環（2015）『オープンダイアローグとは何か』医学書院
[8] Bakhtin, M. (1981) *Dialogic Imagination*. Austin, TX：Texas University Press.
[9] Seikkula, J., & Arnkil, T. E. (2006) *Dialogical meetings in social networks*, First Published, Karnac Books Ltd. London, England.（高木俊介・岡田愛訳〔2016〕『オープンダイアローグ』日本評論社）

第8章　発達障害の子どもをもつ親への支援からみえたもの

肥田 幸子

はじめに

　小、中学校の通常の学級には6.5%の発達障害および発達障害傾向をもつ生徒が在籍するといわれている[1]。これら生徒の心理的問題や心の成長を考えていくうえで、親の果たすべき役割は大きい。近年、親は子どもの問題の原因などではなく、援助や助言、訓練を求めて悩む人として、また子どもの治療に一緒に携わる共同治療者として位置づけられるようになった[2]。2013年5月にDSM(1)は第5版に改定され、発達障害は"神経発達障害"と総称されるようになった。神経発達障害と表されたことで、発達障害児への対応がより「治療」ではなくて「養育」というイメージに近くなった。親たちは子どもの病を医師に治療してもらうのではなく、自らが中心となって療育をし、社会資源を駆使して、また、適当な社会資源がなければ社会に声を上げていかなければならない。発達障害の子どもをもつ親の役割は重要で、それだけに負担は大きいといえる。

　障害児をもつ親の心理的負担に関しては多くの研究がある。主に焦点があてられてきたのは障害受容に関する研究[3, 4, 5]と親のストレスに関する研究[6, 7]である。障害受容には、障害告知後のショック状態から段階を経て受容に向かうとしたもの[3]、常に慢性的悲哀を伴うというもの[4]、肯定と否定が繰り返し現れながら連続した過程で進んでいく螺旋形モデル[5]の主に3つの仮説がある。ただ、障害受容には古くから疑義も呈されており[8]、本章においても検討を加える。

　親のストレスに関して植村・新美[9]は、自閉症児の母親が受けるストレスは精神遅滞児の母親より高い、そして、湯沢ら[10]は子どもの障害を受け入れらない気持ちは重度の知的障害をもつ自閉症の母親よりも知的発達に遅れがない母親の方が強いと述べている。そこには"障害"と思いたくない母親の気持ちと認めなければ日常の困難の理解が進まないというストレスが存在する。

第8章　発達障害の子どもをもつ親への支援からみえたもの　　　　　　　99

　母親の精神的疲労感は大きく、母親自身を援助することの必要性もいわれている。診断告知を受けたときに、半数の母親は激しい衝撃を感じ[11]、その後も障害に対する複雑な葛藤は長く続く[12]。母親の欲しかったサポートとしては「母親の心理面でのサポート」があげられており、母親の苦労をねぎらったり、母親自身の気持ちを支える必要がある[10]。心理支援に携わる者は当該の子どもに加えて、母親支援の重要さが改めて問われており、母親を支援することで子どもに影響を及ぼすことが可能である。
　本章では、まず筆者（以後、Co.と表記）が担当した発達障害の子どもをもつ母親を長期にわたり支援した2事例の経過を示し、その後に検討を加える。これら事例の共通性や先行研究との比較から、発達障害の子どもをもった母親とCo.が子どもにできる具体的な援助、障害告知とその後の母親の気持ち、障害受容を含めた母親の抱えるストレス、そしてそれらを支える心理臨床に携わる者の役割について検討する。
　以下の事例は了解を得ているが、プライバシー保護のため、設定その他で事例の本質が変わらない程度に変更してある。

I　事例

1　発達障害の子どもをもつ母親の離婚と自立が絡んだケース

事例の概要：Y中学校でスクールカウンセラー（以後、SCと表記）として対応した事例である。子どもBは中学1年生の秋、両親の別居に伴う転居によりY中学に転入した。Bは小学校の3年生くらいから登校しぶりが始まり、前中学にはほとんど登校できていない。Y中学に転入後も登校できない日が続き、1か月後に母親が付き添って相談室を訪れた。以降、母親面接は約3年半（63回）継続し、最初の1年は2週に1回、それ以降は月に1回の面談を行った。

クライエント：Aさん　（初回時）30代後半、女性、無職、2人の男の子があり、夫とは別居中である。

主訴：子どもの不登校をなんとかしたい。特に子どもBにどう対応してよいか分からない。

家族背景：Aさん、子どもB（中学1年生男子13歳）、C（小学6年生男子11歳）。AさんはX年9月に夫と別居、母親Dさんの近所に子ども2人と暮らし始めた。

【面接の経過】
第1期　#1〜#9　Aさんの家族に対する公的資源の活用

　担任からの依頼で、Y中学相談室において母子同席面接を行った。Aさんがしばらく席をはずした時、Bは身体がかたまった感じになり、顔面蒼白、発汗、呼吸も乱れるという状況になった。40分を経過した頃には顔色は普通に戻っていたが、あきらかに退行している様子がうかがえた。この時のAさんの血色の悪い顔からは子どもに対しての心配と、周りに対して申し訳ない気持ちで、疲れきっている感じを受けた。2回以降は母親のみの面談になった。

　Aさんは「これは学校にはないしょにしてくれますか、全ては私の責任なんです」と話し始めた。10年位前から夫とは関係が悪く、離婚の話をすることはあったが、家庭を壊せなかった。5年くらいは趣味や仕事で気を紛らわせたが、離婚に応じない夫をおいて彼女が家を出た。AさんはBの不登校は自分が円満な家庭を作れなかったことが原因であると考えていた。夫から養育費、生活保障費等は受け取れていない。母親Dさんの支援はあるが、生活は困窮している。持病をおして働こうとしていたため、市の女性相談センターを紹介した。無料弁護相談や市の福祉課と繋がり、1月には離婚届を出す事ができた。しかし、生活保護費を受ける事に関しては検討中ということだった。

　Aさんは毎回子どもの話をした後、少しずつ自分のことを話すようになった。Aさんは実母との葛藤を話し、育ってきた家庭環境や結婚生活の中で、一人の女性として自信をつけていく事が困難であったことを語った。子育てについても、「兄の所も子どもがあるがしっかりさが違う。お前のところはこんな事もできないのかと言われる」「親の躾がなっていないとよく周りの人に言われた」「子どもの母親たちの間でも、お宅は子どもを叱らないから」と言われ、自信をなくしていったことが話された。

　Bは、その後もまったく誰とも話さないが、毎日学校の職員室前まで登校し、週に1日は適応指導教室で指導員とビリヤードなどをして帰る。

第2期　#10〜#19　弟Cの入学と不登校

　X＋1年4月、1学年下の弟Cが同中学校に入学した。CはBよりコミュニケーション能力があり、家族には優しい。しかし、家では、かっとなると暴力を振るうBに常に虐げられ、これは母親も止めることができない。気のいいCだが、何事にも自信がなく、学校生活では保健室に通うことが多くなった。6月に入って、母

親が登校を促すとトイレにこもった。以降、兄弟で不登校状態になった。Aさんの心労も増え、先の見通しがつかない中で体調を崩しがちになった。

このような状態の中で、Aさんは躊躇していた生活保護を申請することの決断をした。6月からは生活保護費もおりるようになり、母親の経済的援助がなくても暮らせるようになった。この頃になって、AさんはBの個性を理解し、全てが自分の責任ではないと感じ始めた、Bに対し距離をもちながら少しずつ落ち着いた会話ができるようになっていった。

Bは医療機関で発達検査を受け、知的面での問題と自閉傾向が指摘された。しかし、Aさんはこの結果に納得しなかった。学校にほとんど行っていないので、テストの結果が悪かったとし、ドリルを買い込んでAさん自らがBの勉強をみることにした。

第3期　#20～#27　Cが特別支援学級へ移籍

2学期になって、弟のCも医療機関で発達検査を受け、自閉的な偏りと知的な問題が指摘された。Aさんは特別支援学級にCを移籍させることを考え始めたが、「特別支援学級に入ってしまったら、そこにいたことが生涯ひびくのではないか」と述べるなど、子どもの障害に向き合うのは難しかった。しかし、現状打開と、「学校の中で何か楽しいことを作ってあげたい」という気持ちからAさんとCは特別支援学級の見学に訪れた。Cは意外にするりと受け入れ、母親がそれに従う形になった。行きしぶる日はあったが、新しい先生たちの目の行き届いたフォローで、ほぼ毎日の登校が可能になった。旧クラスの担任が校庭で遊ぶ笑顔のCを見て、「Cのあんなに生き生きした笑顔は見たことがない、変わって良かったのかもしれない」という言葉が印象的であった。

第4期　#28～#34　Bのアクシデント

この時期、Bが母親の引き出しから生活費の10万円を抜き取った。以前からお金がなくなるトラブルはあったが、Bは盗っていないと言い張り、Aさんも確信のないことからうやむやになってきた。今回も最初は否定したが、強く尋ねると目を潤ませて「盗った」と認めた。Bは盗ったことは謝ったが、彼の財布に残っている7万円を母親に返すことに対しては怒り出して手がつけられなくなった。

Aさんとのカウンセリングの中で、Bが物事の善悪を理解し、社会秩序の中で生活できるように成長を促すほうが高校進学よりも優先であることが話し合われた。

第5期　#35～#47　Bの特別支援学級への移籍

X＋2年4月、新3年生のBは通級という形で特別支援学級に通うことになった。弟のCが毎日楽しそうに通学していることが刺激になったのだろう。特別支援学級でリーダーを任されたBは、気分良く通学するようになり、クラスのメンバーに配慮する統制のとれた行動ができはじめた。しかし、弟のCに対してだけは、できないところを徹底的に指摘するなど、ダメージを与え続けることをやめなかった。

第6期　#48〜#63　将来設計を考える
　Aさんはこの頃になるとBの将来は、高等養護学校が良いのではないかと考えるようになった。家でも基本的な生活習慣の能力が上がり、規則正しい日課が送れるようになった。何よりも兄弟が明るい顔をして日々暮らしていることが、Aさんの気持ちを変えたのだろう。厳しいことで知られるV高等養護学校を選択し、入学を果たした。弟のCは次の年、W高等養護学校に入学した。V高等養護学校に入学も可能であったが、兄とは違う環境に進むことでCの成長を図った。

その後
　X＋5年4月、Bは自動車部品会社に入社した。会社の寮で一人暮らしをし、対人関係も問題なくこなしている。CはW高等養護学校に入ってから電子部品メーカーに就職した。また、母親も生活保護の就業支援を得て再就職を果たしたとの報告があった。

2　娘の不登校という出来事から、発達障害の理解と対応を進めた母子のケース

事例の概要：小、中、高と継続して支援を行った発達障害傾向をもつ女子生徒の母親の事例である。娘の不登校という主訴で始まった面接は、母親の障害受容、夫の暴力、家族関係という多くのテーマを抱えていた。母親Fとは女子生徒Gが小学校6年生から中学校3年生までのほぼ定期的な面接88回と高校以降、不定期な面接9回を実施し、平行して娘Gの面接を65回行った。

クライエント：Fさん、（初回時）40代前半女性、20代で結婚、3女をもうける。現在、2か所でパートの仕事をしており多忙である。

主訴：娘Gの不登校をなんとかしたい。

家族背景：夫、40代後半、建築関係の仕事をしており、家族に対して支配的である。Fさんには言葉の暴力がひどく、以前は身体的なものもあった。末娘のGには強く怒鳴りつけることもあるが、全般はご機嫌を取る甘い父親である。次女高校

2年生 三女G小学6年生 長女はすでに就職して、自立している。

【面接の経過】
第1期 #1〜#10 小学6年生で不登校が始まった
　X年、12月末、担任教員からの依頼で、不登校女子生徒の母親Fの面接をした。この回では、利発でリーダーシップのとれるGがなぜ不登校になったのか分からないというのがFさんの言葉だった。冬休みになってGは幻聴、幻覚を伴う不穏状態になったため、クリニックを紹介した。幻覚、幻聴はすでに治まっていたが、医師は発達検査を行った。検査は、知的にやや問題があり、自閉症気味であるという結果であった。
　Gは得意なダンスを人前で披露したり、集団登校の班長をしたりと目立つ子どもで、常にリーダー格であると自他共に認めていた。しかし、WISC-Ⅲ[2]の結果からは高学年になると学習についていけない面が出てくることが予測された。プライドのために「分からない」と言えないことや、他者の気持ちを理解できないため、友人関係がうまくいかないことが不登校の原因であると推測された。父親を特に嫌がる点もみられた。ただ、この時点でFさんは娘の知的問題や自閉傾向を理解することには拒否的であった。

第2期 #11〜#23 中学に入ってのGの状況
　Gの中学入学で、学内での生活観察や直接面談することができ、Gへの理解が深まった。Gは入学早々、下駄箱の隅で固まって教室には入れなくなり、出られる授業と出られない授業があるという状態になった。特定の男性教員の授業には出たがらない。そして、言葉に関しても思ったよりも理解が悪いことが分かった。
　これらについて一つずつ母親と話し合った。例えば、Gが「武士の一分」という映画を見てきたが、何をしゃべっていたのか全く分からなかったと言った。映画の中で主役が方言を使う。「……でがんす」と言うのだが、がんすを除いた……は日常語なので普通は推測がつく。Gにとってはがんすがついた時点でその言葉は全く別のものとして存在するため理解することが難しかった。

第3期 #24〜#61 Gへの理解を進める母親
　この時期、FさんはGに対する理解を少しずつ深めていった。「Gは新しいものに飛び込むのは嫌い、自信がないものは決して手をつけない」という新規適応の悪さや、「この間ミシンの部品のことを聞いてきて、針留めネジだというと察しが

つかない。針と留めとネジ、名前が3つくっつくと分からない」というGの言語理解の悪さ、「Gが友だちのYちゃんにマンガ本をあげたお礼をYの母親から言われたときに、『Yちゃんのお母さんはおかしい、私はYちゃんに親切にしたのに』と言うんですよ、あたり前の親の情なのに分からないんですね」というような気持ちの推察の悪さなどが明らかになった。母親は理解を深めるに従って、少しずつGの自閉傾向がみえ、現実のGを受け入れられるようになってきた。

第4期　夫は会社を辞め、Gの不登校が解消した

　夫が離職し、終日家にいる状態になった。父親が苦手なGは学校を逃げ場にし、毎日登校するようになった。Gは「毎日学校に来ると楽しいことも増えた」とカウンセリングで報告し、Gに対する中学でのカウンセリングは64回で終了となった。学校内では無理をしていることが多いので、保健室・カウンセリングルームの利用、関係者の情報交換などでGに対応した。夫は失業給付の切れた1年後に復職した。その後もGは不登校になることなく高校受験を果たした。

第5期　#89〜#98　高校での変化とその後

　GがCo.の勤務する学園の高等部に入学したため、引き続き彼女を支援することになった。高校入学後は友人関係、学習の面、通学時間の長さ等、何とかGなりに頑張っていた。しかし、高校1年生の夏頃には部活動と以前から続けていたダンスのレッスン、某劇団での活動が両立しなくなっていった。また、この頃Gはよく過呼吸で倒れ、救急車を呼ぶことがあった。Fさんとの面談で、Gの体力ではすべての両立は難しいことや過呼吸の対処について話し合った。

　高校2年生からは週に1回であるが、アルバイトを始めた。今まで、お小遣いは必要なときに母親からもらっていた。まとまったお小遣いをもらっても、すぐにすべてを使ってしまうからであった。Fさんはこのアルバイトを機にお金の管理についてもGに教え始めた。

　高校の後期では対人トラブルの様相が変化してきた。いつも、女子グループから浮いていたGが、グループの先頭に立ってある女子をいじめたというのである。担任からそれを聞いた母親は驚いたが、いじめに至った過程に関しては、あるかも知れないと理解した。Gのコミュニケーション力は上がっているが、他者に対する配慮や全体を見通す力は弱く、攻撃性も高い。

　大学受験に関してはGは頑張りを見せた。Gの学力では無理だと思われたS大学ともう少し偏差値の低いT大学に合格した。母親にはゆとりのあるT大学を薦

めたが、S大学に進学した。大学は2年生の始めに退学をし、アルバイトを始めた。アルバイト先の男性上司（父親と似たタイプ）との関係が悪く、辞めるというところまで話が進んでいた。しかし、Gが「男の人に急に話しかけられても、私は応えられない」と直接、上司に訴えることができ、現在もアルバイトは続いている。

II　発達障害の子どもをもった母親とCo.が子どもにできる具体的な援助
1　母親にできること

　親を共同治療者と位置づけた研究には、ABAの先駆者といわれたLovaas et al [13]の研究やSchopler [14]により開発されたTEACCHなど、親が重要な役割を果たすプログラムがある。親は、子どもにとって最も身近で重要な援助者であるといえる。稲田・神尾 [15]は専門家による療育だけでなく、多くの時間を共にする家族による有効な家庭療育とその支援についての必要性を述べている。

　実践活動の中からいえることだが、個別対応の中で、発達障害の生徒自身が意識できていない具体的な問題にCo.が気づき、共に考えたり、適応的な行いをその場で褒めて強化していくことは難しい。子どもと接する時間が長く、場面に即した有効な対応ができ、また、生涯を見据えた計画を立てて寄り添っていける母親の役割は大きい。Co.は、発達障害の子どもを持った母親がそれぞれの子どもの特性を理解し適切な対応ができるように、そして、日々の大変さでくじけそうになる母親が勇気を持てるように支援すべきである。本事例においても、母親とCo.は子どもの日常の具体的な出来事の中から、子どもの特性や対処法について確認し合った。

2　コミュニケーション力を強化する

　FさんはGの言語理解の悪さについて理解していった。自閉症スペクトラム (3)（以後 ASD）傾向の子どもは言葉を概念化することに弱点をもっている。事例の中でも「針」と「留める」と「ネジ」は知っていても、ミシンの「針留めネジ」が針を留めるためについているネジであろうと推察することが困難であった。以降、FさんはGとの会話の中でどの程度まで相互の理解ができているかを確かめ、説明を加えるようになった。Gの会話能力は向上し、同級生との会話が増えていった。B、Cも通常の学級ではほとんど同級生との会話に加われなかった。しかし、比較的ゆっくりと会話し、分からないときは聞き直せる環境である特別支援学級に変わることによって、他者への働きかけが積極的になっている。

3　新規適応の悪さ

佐々木[16]はASDの特性として新しい変化に対応することが苦手であることをあげている。Fさんは「Gは新しいものに飛び込むのは嫌い、自信がないものは決して手をつけない」という新規適応の悪さを指摘し、Aさんも「B、Cは同じパターンが好き、違ったものはやりたがらない」と話している。これは次の行動が予測できない不安からであるとも推察される。Aさん、Fさんには子どものパターンを大事にし、新規の対応が予測される場合はできる限りの予告と、分からないときに聞ける人を作っておくことが大切であると伝えた。

ここで子どもと教員の関係が大事になってくる。先生は安全で助けてくれる人であると子どもが感じなければならない。そんなことは自分で考えろと突き放したり、何でも自分で考える癖をつける主義だという先生には発達障害の理解を深めてもらい、その子がわかりやすい指示をするようにお願いした。

4　想像力の問題

想像力に障害がある発達障害の子どもは、人の気持ちや状況を理解することは最も苦手なことである。Bは弟のCには相当ひどい暴力を振るうが、自分が母親に叱られたときはすねたり大騒ぎをしたりする。他者の傷みを想像することができない。これに対しては少しずつではあるが彼らの体験の中で感じたことをベースに話をし、他者理解を進めていくしかないだろう。Bは母親の財布からお金は盗るが、自分の財布から返すのは嫌だということがあった。もちろんこれを許すわけにはいかないが、ただ叱っても効果が薄いことは知られている。叱らないが許さないスタンスが大事である。つまり、くどくどと叱っても効果は少ないので、いけないことは繰り返させないように予告や守れたときの賞賛を行っていけるように母親と話し合った。

気持ちに関しては、どのように感じればよいのかなどと教えることはできない。ただ、母親たちは子どもの心が、無関心や被害的な感じ方ばかりで満ちていれば、トラブルも多く、本人も楽しくないだろうとわかっている。本事例でもGから母親に気持ちを訴えるということはないので、母親は一緒に見ているテレビや身近な出来事を素材に「気持ちの話」を増やしていった。

Ⅲ 障害告知とその後の母親の気持ち

1 母親が発達障害を理解すること

DSM-5において自閉症スペクトラムと名付けられたことで、個性といわれる部分と障害の間で連続性があり、障害がはっきりと区分できるものではなくなった。特に知的に大きな問題がない子どもを持った母親の気持ちは複雑である。柳楽ら[12]はアスペルガーの子どもの母親が診断を受けた後も子どもが普通になり、将来は普通の暮らしが送れるようになることを期待する感情が続くと述べており、山岡・中村[17]も高機能広汎性発達障害の母親の調査から診断後も子どもの問題は将来目立たなくなると思い続けているものが1割以上いることを明らかにしている。障害があると知ることとこれを受け入れることの間には差がある。

本2事例は共に不登校の相談を受けて、それから発達障害が分かった例である。母親たちは診断がおりてもなお、子どもの障害を受け入れることは難しかった。AさんはBが勉強についていけないのは不登校による勉強の遅れであるとし、特別支援学級に籍を置くことを躊躇した。子どもに「障害」があると認めることは、子どもの将来を閉ざすことのように母親は感じていた。Fさんは診断の結果を正確に学校側に伝えることができなかった。Fさんの受け入れられなさであると推測される。告知がもたらす心理的負担は大きく「障害がある」という事実を母親が受け入れることは容易ではない[17]。しかし、子どもが発達障害であるという事実を回避し続けては不登校、家族関係、日常のトラブルなどの多くのことが前進していかなかった。Aさんは将来を視野に入れたプランを考えることで、Fさんは障害特性を一つずつ理解していくことで発達障害を子どもの特性として認めていった。

2 母親の障害受容の心理過程は社会の在り方に規定される

障害受容に関して、Droter[3]はそのプロセスを「衝撃」「拒否」「悲しみと怒り」「順応」「再起」の5段階とし、段階説を唱えた。その他段階説に関する研究は日本でも発表されている[18, 19]。一方Olshansky[4]は精神遅滞の子どもをもつ親の受容過程を慢性的悲哀という言葉で表している。Wiker, Wasow & Hatfield[20]は実証的な調査研究の結果、調査対象となった障害児をもつ親の4分の1が段階説をたどるが、残りは落胆と回復の過程の繰り返し、つまり慢性的悲哀を経験したと述べている。

事例2のGは新しい環境に順応しなければならなくなったときは必ず問題を突

きつけられた。中学に入学したとき、高校の部活でのトラブル、大学の不適応、職場での人間関係の失敗、その度に母親は落胆し、Co.と対処法を考えた。しかし、落胆と回復の繰り返しはあっても、その感じ方は常に同じわけではない。段階的な経過という意味では、つまずいたときの母親の対処がだんだんと有効で迅速になっていることと、最初の頃のように自分を責めたり、おろおろしているだけではなくなった。「この子の限界は……だから」という言葉も自然に出てくるようになった。Bが普通にできないことを責めなくなった分だけ母親は自分も責めなくなったようだ。その意味では、慢性的悲哀をたどる親と段階的過程をたどる親が別々にあるわけではない。中田[5]は、障害受容は区切られた段階ではなく、肯定と否定が繰り返しながら適応への過程を進んでいくという螺旋形モデルを提唱した。本事例の経過においても妥当であるといえる。

ただ、段階説というのは時間的経過や親の苦悩と努力のうちに終結、あるいはより安定した状態に向かうことが規定されており、螺旋形モデルにおいても、最終的に行き着くところは適応への過程である。田中[21]は、障害受容という表現は援助者たち、外からの捉え方であり、他者が強要するものではないと述べており、心理支援を行うものが障害受容を既成の事実のように考えることは母親への圧力になりかねない。また、中川[22]は障害受容は社会受容がなってはじめて自己受容がなるという厳然とした方向性が存在すると述べている。母親の障害受容の心理過程は社会の在り方に規定される。AさんはBとCが障害枠での就職が見込まれた時点から、はっきりと自分達に与えられた状況を前向きに捉えていこうとするようになった。社会の在り方を問題にせず、発達障害やその他の障害をもつ子どもの受容を単に個人の苦しみとして、母親の変化を論じることは難しい。

Ⅳ 母親のストレスと環境
1 母親の日常的なストレス

発達障害の子どもをもつ母親は一般の母親や知的障害児をもつ母親よりも育児ストレスが高いことが明らかになっている[23]。山本・神田[24]は乳児期から中学生の時期にわたって、発達障害傾向のある子どもの親は、一般の母親よりも子育てへの不安が高く、心身の疲労感が強く、子育ての楽しさや満足感が低く、学校関連の不安も高く、子どもの友だち関係や勉強・進路のことを心配している人が多いと述べている。

第8章　発達障害の子どもをもつ親への支援からみえたもの　　　　109

　具体的な母親の訴えの中からも、いかに母親たちは疲弊しているかが伝わってくる。育て方のせいじゃないか、愛情が足りないのではないかなどと周りに非難されることに加えて、母親自身も思うように育てられていない自分に対して罪悪感がある。Aさんは自らが選んだ離婚が原因ではないかと思っていた。自分の子育てが悪かったのではないかという思いや、日常の中で意思が疎通していかない苛立ち、特別支援を選んだらこれからの進路に悪影響が出るのではないかという思い、地域で噂にならないか、診断が明らかになることでいじめられないか等の気持ちは過重なストレスとなり体調を崩しがちになった。

2　複雑な思いとストレス

　田辺・田村[25]は障害児であっても知的機能・認知機能が高い高機能自閉症の子どもたちは、周囲の人々から発達の障害と認知されず、「困った子」「ちょっと変わった子」として認知され、性格や躾の問題とされてしまい、適切な援助が受けにくいと述べている。B、CやGは乳幼児検診では発達障害を指摘されなかった。これは年代的に発達障害の知識が行き渡っていなかったことがあげられるが、彼らの知的機能・認知機能がボーダーであったことも原因であろう。母親たちにとっては、知的に大きな遅れがなく家庭では大きな問題がなかったので、診断を受け入れることは難しかった。ASD児は新しい変化に対応することが苦手であるが、繰り返し行うことは好む。言い換えれば家庭内の日常的なことでは彼らは全く困らないし、家族も気づかないことが多い。中学生まで適切な助言が受けられず、ここに来てはじめて障害について考えるというのは、母親にとって大きなストレスになる。

　ことにGは小さいときからダンスを習い、発表会では中央で踊り、親の期待に応える「みんなの中心になれる華やかな娘」であった。障害を受け入れた後も、いつか普通になるのではないか[12]という思いは母親の気持ちの一部にある。Gの自閉的な傾向が明らかになり、睡眠が十分に取れていないと体調を崩すことや、予定を詰めすぎると全部ができなくなることなどを理解するようになっても、やはり過去に抱いた期待は捨てられない。FさんはGの調子が落ちてきたときでもダンスと演劇のお稽古は続けさせた。Co.が「今は休ませた方が……」と進言しても受け入れられなかった。Gの過去の華やかな面に思いをつなぐ気持ちと現状の辛い現実を認めていく気持ちのギャップは大きなストレスである。

3　ストレス因になる環境

　環境について、蓬郷・中塚[7]は発達障害児をもつ母親の家庭環境・配偶者・老父母との関係とストレスの関連を指摘している。ことに父親が育児不参加の場合は母親のストレスが高い[26]。また、障害告知においても父親の方が認めにくい[17]こともあり、ストレスの要因となる。Fさんは夫から「おまえの育て方が悪いから」と責められ、Aさんは実母や兄弟から「お前のところはこんなこともできないのか」と、周りからは「お宅は子どもを叱らない、躾がなっていない」と言われている。母親の抱えるストレスを抑制・軽減するには、子どもへの指導だけでなく母親への支援が必要である。本事例はどちらも、母親の身近な環境からサポートを期待することは難しい状況にあった。湯沢ら[10]は専門家の関わりがサポートとして有効であり、特に高機能PDD児の母親たちは重度の知的障害のある子どもの母親と比べ「心理カウンセラー」の支えが有効であったと述べている。心理支援者たちは彼らの人的サポート環境になることが期待されている。

V　心理臨床に携わる者の役割
1　母親の望むサポート

　湯川ら[10]は自閉症の子どもを育てる母親のサポートニーズの一つとして、「母親への心理面へのサポート」をあげ、支援者はどうしても子どもへの対応が話題の中心になりがちであるが、母親の苦労をねぎらったり、母親自身の気持ちを直接扱うことも母親の気持ちを支えるために重要なことであると述べている。Aさんは子どもたちの不登校とBの弟に対する暴力、Bのお金に関する問題などに加え、自らの離婚の問題で、体調を崩すほど悩んでいた。FさんもGの引き起こす学校でのトラブルに加え、夫の暴力的な発言や離職、家族間の関係の調節など多くの問題を抱えていた。発達障害の子どもをもつ母親を多く支援してきたが、彼女たちは子どもの問題に加え、いろいろな課題を抱えていることが常であった。もちろん育児に関する具体的なアドバイスをし、利用できる援助の情報を提供することは重要である。しかし、それに加えて、母親の気持ちを理解し、次への勇気がわくようなカウンセリングの場を提供することも重要である。

　心理支援者は単に母親の話を聴く役割には止まらない。学校でのカウンセリングならば、それぞれの子どもの障害の特性を担任と話し合いクラス内での配慮の依頼や指導方針への助言を行い、ときには学校を通じて地域に働きかけることもでき

る。適当な医療への橋渡しや公的機関との連携も必要である。Aさんには女性相談センターや市役所の福祉課との連携を行った。Aさんはプライドから最初は公的保護に抵抗を示したが、それによって当面の問題を子どものことに絞れるようになった。このあたりはAさんの微妙な気持ちをカウンセラーとして聴いていくことで乗り越えていった。心理支援者は社会的資源についての十分な知識と対応力を持ち、随時それらの情報を母親に提供したり、時には窓口と交渉する力も必要である。またその選択を進めていくときの母親の心理を支えることも重要な役割である。

2　子どもの一生を見据えた援助

小林ら[27]はASDの子どもを育てる母親が重視することの一つとして、目先のことを気にする子育てではなく、先を見据えて育てることをあげている。子どもが社会に適応していけるよう強く望んでいることは、全ての発達障害の子どもを持った母親から伝わってくる。前田ら[28]も調査の自由記述から「親なき後、自立していけるように願う毎日」「1人で生きていけるようになるかどうか心配」などの自立に対する心配が最も多いと述べている。親亡き後も社会でそれぞれの人に合った仕事をして、あるいは社会保障の中で生きていけることは重要である。

現在、かなりの割合の発達障害の人が仕事に就きにくくなっている。ルーチンな仕事が減り、コミュニケーション力を必要とする仕事や、スピードをもって対応する必要がある職場が多く、発達障害の人の弱い特性と重なっている。また、就職しても離職するケースが目立っている。Aさんは子どもの進路として、特別支援学級から高等養護学校へそして障害枠での就職という道を選択した。

発達障害者の就業を支援することには厚生労働省をはじめ各行政機関でも積極的に取り組むようになった。公的機関の若者仕事支援や民間の障害者就労支援事業所など、数多くの機関が活動をしている。しかし、それぞれの仕事内容にまだまだ温度差があり、発達障害に関する知識が不十分なところもある。そのような機関にケースをつないでいくことも支援者の仕事であるが、事業所側に発達障害についての情報を提供することも心理支援者の仕事であると感じている。

3　心理臨床に携わる者にとって重要なこと

発達障害の支援に携わる者は、幅広い発達に関する知識と社会の制度、子どもの

置かれている状況をしっかりと把握できる力が必要である。母親がわが子の発達障害を理解することはなかなか難しいとⅢ節の1で書いたが、もっと割り切れないのは当事者である。発達障害がどのように説明されるかによって、今までの自分を否定されたような気分になったり、不安が増すかもしれない。また、今までの疑問が理解でき、生き方が楽になる可能性もある。心理臨床に携わる者はそれぞれのケースの状況を十分把握し、どんな方針を立てて、どのように伝えるかをマネジメントできなければならない。そのために、アセスメントは多角的に行う必要がある。子どもの発達の状態だけでなく、その子の周辺の資源や、保護者の心情はどうか、保護者の心身の健康さのアセスメントも必要といえる。これができてはじめて支援のスタートにたつことができる。

　発達障害者支援法が2005年に施行された。これによって発達障害者の生涯にわたる支援、早期発見、早期支援の必要性が明記され、教育や就労においても発達障害者を支援することが義務づけられた。辻井[29]は「障害をもつ人の未来をもっとよくするために何ができるかということを分かるためには制度を知らないといけない。知らないで支援することは当事者の不幸である」と述べている。心理支援に携わる者は社会の制度についてよく知り、足りない制度は要求していくくらいの未来志向を持つこと。また、その地域にある社会資源を知って、状況に合わせて提案ができること、できればそれらの施設に対してパイプを作っておくことも現実的な支援者の力であるといえる。

おわりに

　本事例の掲載を快く承諾してくださったAさんとFさんに心からのお礼を申し上げたい。Aさんとは、クライエント（以降、Cl.と表記）とSCとして、子どもの発達、学校での問題を中心として4年間の関係があり、その後は経過の報告を受けるやり取りを3年ほど続けた。Fさんとは、同じく学校内でのCl.とSCとしての関係が7年間、その後は問題があるときに連絡を受け、話を聞くというやり取りを5年ほど続けている。

　子どもたちの発達に問題があると診断を受けたとき、彼女たちは即座には受け入れることはできなかった。発達障害に関しての情報を伝えようとするSCに対しても大いに反感があったと思う。しかしその後もSCは、疲れ果てたときに話を聞い

第8章　発達障害の子どもをもつ親への支援からみえたもの　　　　113

てくれる、対処法を一緒に考えてくれる、将来に関する情報を伝えてくれる存在であり続けた。彼女たちは、学内や家庭で次々とトラブルを起こす子どもたちに対して、SCと共に考え、少しずつ子どもの特性を理解していった。

　子どもたちは成長期であり、発達に問題があっても、5、6年もつきあっているとその成長・変化はめざましいものがある。ただ、成長しているのは子どもたちだけではない。その母親たちもまた新しいパワーを獲得していったように感じる。Ⅲ節で論じた障害受容とは違う感覚である。障害者の母だからというわけではなく、誰もが困難と出会ったときに、自分のすべての力に加えて、まだ持っていなかった力も生み出してその困難に対応するパワーのことである。彼女たちは自らの自責の念や周囲の対応の悪さを嘆くだけではなくなった。可能な限り子どもに有効な方法を学校と話し合い、社会的資源を調べ、何が使えるのかを考えた。また、家庭の中の妻、母のありかた、障害者という見方、これらのもつ枠も一つずつふりほどいていった感がある。彼女たちと長い期間一緒に歩いて来たSCも、共に成長させてもらうことができた。この事例で得た成果や経験を今後に出会う人たちに還元していかなければならない。また、Aさん、Fさんも同じような立場で悩むお母さんたちに、自分たちの経験が役立つならと事例の掲載を許してくれたのである。

　今後の活動の中で特に重要だと考えているのは就業支援の問題である。Ⅲ節の2でも論じたが、かなりの割合の発達障害の人が仕事に就きにくくなっており、就職しても離職するケースが目立っている。今の職場はコミュニケーションが多様で、スピードをもって対応する必要があり、発達障害やその傾向をもつ人は勤まりにくい。現代社会の課題である「ニートやひきこもり」との関わりも考えられる。根本的には制度的な支援と発達障害者に対する社会の理解が必要である。厚生労働省などもいろいろな施策を打ち出しているが、より実際に即した支援が実施され、障害者の自立が実現する社会が期待される。

　発達障害の子どもをもつ母親たちにわが子の自立した将来がある程度描けるならば、不安に駆られて障害を否定したり、悲しんだりすることは少なくなる。社会全体で、人間は多様であり、どのようなあり方もよしであるという考え方が普通になれば、母親たちも安心して、社会に支援を呼びかけることができる。ただ、彼女たちはこれらの社会的変化を座して待つのではなく、変化を起こしていける力も持っていると、多くの母親たちとの長いつきあいの中で感じる経験をした。そして、私たち支援者は臨床的方法のみならず研究発表という形でも共働することができると

考える。

【注】
(1) DSM 第5版：American Psychiatric Association (2013) *Diagnostic and Statistical Manual of Mental Disorders, 5th Edition.* Arlington: APA.（高橋三郎・大野裕・染矢俊幸・神庭重信・尾崎紀夫・三村將・村井俊哉（訳）(2014)『DSM-5　精神疾患の診断・統計マニュアル』医学書院）。
(2) WISC-Ⅲ：Wechsler Intelligence Scale for Children-Third Edition. 1949年に David Wechsler が開発した5歳から16歳までの知能検査。1998年改訂版。
(3) 自閉症スペクトラム（Autism Spectrum Disorders）：American Psychiatric Association (2013) *Diagnostic and Statistical Manual of Mental Disorders, 5th Edition.* Arlington: APA. 参照。

【引用文献】
[1] 文部科学省初等中等教育局特別支援教育課（2012）「通常の学級に在籍する発達障害の可能性のある特別な教育的支援を必要とする児童生徒に関する調査結果について」文部科学省、2012年12月5日（http://www.mext.go.jp/a_menu/shotou/tokubetu/material/__icsFiles/afieldfile/2012/12/10/1328729_01.pdf、参照2014年3月10日）
[2] 大西真美（2007）「広汎性発達障害の子どもを持つ家族に関する研究の動向と今後の課題」東京大学大学院教育学研究科紀要　第47巻　203-210.
[3] Doter, D., Baskiewicz, A., Irvin, N. et al (1975) The adoptation of parents to the birth of an infant with a congenital malformation: A Hypothetical model. *Pediatrics,* 56 (5), 710-717.
[4] Olshansky, S. (1962) Chronic sorrow: A response to having a mentally defective child. *Social Casework,* 43, 190-193.
[5] 中田洋二郎（1995）「親の障害の認識と受容に関する考察――重要な段階説と慢性的悲哀」早稲田心理学年報　第27巻　83-92.
[6] 本橋順子・沢崎真史（2009）「思春期の軽度発達障害児をもつ母親のストレスに関する研究」日本教育心理学会総会発表論文集　(51) 8.
[7] 蓬郷さなえ・中塚善治郎（1982）「発達障害児をもつ母親のストレス要因（Ⅱ）――社会関係認知とストレス」小児の精神と神経　第29巻　第1, 2号　97-107.
[8] 中川正俊（2003）「統合失調症における『障害受容』構造化の試み」人間福祉研究　第6号　1-9
[9] 植村勝彦・新美明夫（1985）「発達障害児の加齢に伴う母親のストレスの推移――横断的資料による精神遅滞児と自閉症児の比較を通して」心理学研究　第56巻　第4号

233-237.
[10] 湯沢純子・渡邊佳明・松永しのぶ（2007）「自閉症児を育てる母親の子育てに対する気持ちとソーシャルサポートとの関連」昭和女子大学生活心理研究所紀要　Vol.10　119-129.
[11] 松永しのぶ・廣間貴子（2010）「自閉症スペクトラム障害児の母親の診断告知に伴う感情体験」昭和女子大学生活心理研究所紀要　Vol.12　13-24.
[12] 柳楽明子・吉田知子・内山登紀夫（2004）「アスペルガー症候群の子どもを持つ母親の障害認識に伴う感情体験――障害として対応しつつ、『この子らしさ』を尊重すること」児童青年医学とその近接領域　45（4）　280-392.
[13] Lovaas, O. I., Koegel, R., Simmons, J. Q., and Long, J. S., (1973) Some generalization and follow-up measures on autistic children in behavior therapy. *Journal of Applied Behavior Analysis*, 6, 131-166.
[14] 佐々木正美（2004）『自閉症児のための絵で見る構造化』学習研究所
[15] 稲田尚子・神尾陽子（2011）「自閉症スペクトラム幼児に対する早期支援の有効性に対する客観的評価――成果と考察」幼児医学・心理学研究　20（2）　73-81.
[16] 佐々木正美（2015）『発達障害の子に「ちゃんと伝わる」言葉かけ』すばる社
[17] 山岡祥子・中村真理（2008）「高機能広汎性発達障害児・者をもつ親の気づきと障害認識――父と母の相違」特殊教育学研究　46（2）　93-101.
[18] 山崎せつ子・鎌倉矩子（2000）「自閉症児Aの母親が障害児の母親であることに肯定的な意味を見出すまでの心の軌跡」作業療法　19　434-444.
[19] 田中千穂子・丹羽淑子（1990）「ダウン症児に対する母親の受容過程」心理臨床学研究　第7巻　第3号　68-80.
[20] Wikler, l., Wasow, M., & Hatfield, E. (1981) Chronic sorrow revisited: Parent vs. professional depiction of the adjustment of parent of mentally retarded children. *Americn Jounal of Orthopsychiatry*, 51（1），63-70.
[21] 田中千穂子（2007）『障碍の児のこころ』ユビキタ・スタジオ
[22] 中川正俊（2001）「精神分裂病の『障害受容』再考――受容過程における2つの『乗り越え困難』とその支援」精神治療学　16（4）　371-378.
[23] 庄司妃佐（2007）「軽度発達障害が早期に疑われる子どもをもつ親の育児不安調査」発達障害研究　第29巻第5号　349-357.
[24] 山本理絵・工藤英美・神田直子（2015）「発達障害をもつ子どもの乳幼児期から思春期までの縦断的変化――母親の子育て困難・不安・支援ニーズを中心に」人間発達学研究　第6号　99-110.
[25] 田辺正智・田村浩子（2006）「高機能自閉症児の親の障害受容過程と家族支援」奈良教育大学紀要　第55巻第1号（人文・社会）　79-86.
[26] 神田直子・山本理絵（2001）「子育て困難を抱える親への子育て支援の在り方」愛知県立大学児童教育学科論集　35号　21-42.

［27］小林朋佳・鈴木浩太・森山花鈴・加我牧子・稲垣真澄（2014）「発達障害診療における保護者支援の在り方——母親が振り返る『子育て』の視点から」小児保健研究　第73巻第3号　484-491.
［28］前田明日香・荒井庸子・井上洋平・張鋭・荒木美知子・荒木穂積・竹内兼彰（2009）「自閉症スペクトラム児と親の支援に関する調査研究——親のアンケート調査から」立命館人間科学研究　19　29-41.
［29］辻井正次（2014）「総説：社会支援と発達障害」臨床心理学　第14巻第2号　80　163-167.

愛知東邦大学　地域創造研究所

　愛知東邦大学地域創造研究所は 2007 年 4 月 1 日から、2002 年 10 月に発足した東邦学園大学地域ビジネス研究所を改称・継承した研究機関である。従来の経営学部（地域ビジネス学科）の大学から、人間学部（子ども発達学科〔2014 年 4 月 1 日より、教育学部 子ども発達学科〕、人間健康学科）を併設する新体制への発展に伴って、新しい研究分野も包含する名称に変更したが、「地域の発展をめざす研究」という基本目的はそのまま継承している。

　当研究所では、研究所設立記念出版物のほか年 2 冊のペースで「地域創造研究叢書（旧 地域ビジネス研究叢書）」を編集しており、創立以来 14 年の間に下記 26 冊を、いずれも唯学書房から出版してきた。

- 『地域ビジネス学を創る――地域の未来はまちおこしから』（2003 年）
- 『地場産業とまちづくりを考える（地域ビジネス研究叢書 No.1)』（2003 年）
- 『近代産業勃興期の中部経済（地域ビジネス研究叢書 No.2)』（2004 年）
- 『有松・鳴海絞りと有松のまちづくり（地域ビジネス研究叢書 No.3)』（2005 年）
- 『むらおこし・まちおこしを考える（地域ビジネス研究叢書 No.4)』（2005 年）
- 『地域づくりの実例から学ぶ（地域ビジネス研究叢書 No.5)』（2006 年）
- 『碧南市大浜地区の歴史とくらし――「歩いて暮らせるまち」をめざして（地域ビジネス研究叢書 No.6)』（2007 年）
- 『700 人の村の挑戦――長野県売木のむらおこし（地域ビジネス研究叢書 No.7)』（2007 年）
- 『地域医療再生への医師たちの闘い（地域創造研究叢書 No.8)』（2008 年）
- 『地方都市のまちづくり――キーマンたちの奮闘（地域創造研究叢書 No.9)』（2008 年）
- 『「子育ち」環境を創りだす（地域創造研究叢書 No.10)』（2008 年）
- 『地域医療改善の課題（地域創造研究叢書 No.11)』（2009 年）
- 『ニュースポーツの面白さと楽しみ方へのチャレンジ――スポーツ輪投げ「クロリティー」による地域活動に関する研究（地域創造研究叢書 No.12)』（2009 年）
- 『戦時下の中部産業と東邦商業学校――下出義雄の役割（地域創造研究叢書 No.13)』（2010 年）
- 『住民参加のまちづくり（地域創造研究叢書 No.14)』（2010 年）

- 『学士力を保証するための学生支援——組織的取り組みに向けて（地域創造研究叢書 No.15）』（2011 年）
- 『江戸時代の教育を現代に生かす（地域創造研究叢書 No.16）』（2012 年）
- 『超高齢社会における認知症予防と運動習慣への挑戦——高齢者を対象としたクロリティー活動の効果に関する研究（地域創造研究叢書 No.17）』（2012 年）
- 『中部における福澤桃介らの事業とその時代（地域創造研究叢書 No.18）』（2012 年）
- 『東日本大震災と被災者支援活動（地域創造研究叢書 No.19）』（2013 年）
- 『人が人らしく生きるために——人権について考える（地域創造研究叢書 No.20）』（2013 年）
- 『ならぬことはならぬ——江戸時代後期の教育を中心として（地域創造研究叢書 No.21）』（2014 年）
- 『学生の「力」をのばす大学教育——その試みと葛藤（地域創造研究叢書 No.22）』（2014 年）
- 『東日本大震災被災者体験記（地域創造研究叢書 No.23）』（2015 年）
- 『スポーツツーリズムの可能性を探る——新しい生涯スポーツ社会への実現に向けて（地域創造研究叢書 No.24）』（2015 年）
- 『ことばでつなぐ子どもの世界（地域創造研究叢書 No.25）』（2016 年）

　当研究所ではこの間、愛知県碧南市や同旧足助町（現豊田市）、長野県売木村、豊田信用金庫などから受託研究や、共同・連携研究を行い、それぞれ成果を発表しつつある。研究所内部でも毎年5〜6組の共同研究チームを組織して、多様な角度からの地域研究を進めている。本報告書もそうした成果の1つである。また学校法人東邦学園が所蔵する、9割以上が第2次大戦中の資料である約1万4,000点の「東邦学園下出文庫」も、ボランティアの皆さんのご協力で整理を終え、当研究所が2008年度から公開している。

　そのほか、月例研究会も好評で、学内外研究者の交流の場にもなっている。今後とも、当研究所活動へのご協力やご支援をお願いするしだいである。

執筆者紹介

若林愼一郎／前金城学院大学大学院人間生活学研究科教授
　　　　　　元岐阜大学医学部教授（巻頭言）
肥田　幸子／愛知東邦大学（まえがき、第8章担当）
堀　　篤実／愛知東邦大学（第1章担当）
清水　紀子／セコイア・モンテッソーリ子どもの家（第2章担当）
鈴木美樹江／人間環境大学（第3章担当）
吉村　朋子／愛知県スクールカウンセラー　金城学院大学心理臨床相談室（第4章担当）
松瀬留美子／名古屋産業大学、京都大学大学院教育学研究科（第5章担当）
八木　朋子／中部福祉保育医療専門学校（第6章担当）
伊藤佐枝子／豊橋創造大学（第7章担当）

地域創造研究叢書No.26
子どもの心に寄り添う——今を生きる子どもたちの理解と支援

2016年11月15日　第1版第1刷発行　　※定価はカバーに表示してあります。

編　者——愛知東邦大学　地域創造研究所

発　行——有限会社　唯学書房
　　　　〒101-0061　東京都千代田区三崎町2-6-9　三栄ビル302
　　　　TEL　03-3237-7073　　FAX　03-5215-1953
　　　　E-mail　yuigaku@atlas.plala.or.jp
　　　　URL　http://www.yuigaku.com

発　売——有限会社　アジール・プロダクション

装　幀——米谷　豪

印刷・製本——中央精版印刷株式会社

ⒸCommunity Creation Research Institute, Aichi Toho University
2016 Printed in Japan
乱丁・落丁はお取り替えいたします。
ISBN978-4-908407-05-5 C3337